Alexander Neukert

Glutenfrei vegan

Gedruckt auf
100% Recyclingpapier

Alexander Neukert

Glutenfrei vegan

Einfach köstlich – ohne Laktose und Gluten

illustriert von Karin Bauer

pala verlag

Dank

Hiermit möchte ich mich ganz herzlich bei allen bedanken, die einen wichtigen Beitrag geleistet haben, dass dieses Buch zustande kam.
Zuerst meiner Frau Ingrid, die mir immer wieder mit wichtigen Anregungen sowie Rat und Tat zur Seite stand.
Vielen Dank des Weiteren an das Team des pala-verlags, das dieses Buchprojekt sehr fachkundig und engagiert betreut hat.

Inhaltsverzeichnis

Für Genuss und Lebensfreude

Glutenfrei vegan – weniger eine Einschränkung, vielmehr eine gute Kombination, um mit Freude zu kochen, lecker zu essen und das Leben zu genießen. Eigentlich ist damit das Wichtigste schon gesagt! Doch möchte ich hier noch etwas genauer beschreiben, warum ich, der Gluten eigentlich gut verträgt, auf die Idee kam, dieses Kochbuch zu schreiben.

Bei meinem ersten Buch »Einfach mal vegan«, das ich zusammen mit meiner Frau geschrieben habe, war es uns wichtig, die große Bandbreite der veganen Rezepte vorzustellen, die wir durch langjähriges Ausprobieren für uns entdeckt hatten. Schon allein deshalb, weil es vor über 20 Jahren, als wir Veganer wurden, kaum Kochbücher zu diesem Thema gab. Damals machten wir zuweilen die leidvolle Erfahrung, wie schwierig es sein konnte, Rezepte zu finden, die nicht nach Diät oder Krankenkost, sondern nach Genuss schmeckten – bei der heutigen Flut veganer Kochbücher kaum noch vorstellbar. Wollten wir damals essen gehen, bekamen wir gerade mal Pizza mit Tomatensauce ohne Käse serviert – meist aber auch ohne sonstige Zutaten, das heißt, auch die Gewürze fehlten. Mozzarella, so versicherte man uns gelegentlich, sei übrigens kein Käse und Fisch kein Tier.

Dabei wäre es auch damals schon ganz leicht gewesen: Beispielsweise einfach eine Zwiebel mit ein wenig Knoblauch und etwas Gemüse anbraten (beispielsweise Zucchini, Aubergine und Karotte), zwei bis drei Tomaten klein schneiden und dazugeben, mit Salz sowie Pfeffer würzen und zum Schluss etwas frische Petersilie oder Basilikum darüberstreuen. Dazu Spaghetti, Kartoffeln, Reis, Hirse oder Couscous – schon wäre eine wunderbare Mahlzeit fertig gewesen ...

Diese Situation hatte für uns aber mittel- und langfristig sehr viel Gutes: Wir strengten uns an, um es beim Kochen besser zu machen und unsere eigene Kreativität zu entfalten. Immer mehr wurde uns bewusst, dass Vielfalt und Genuss oft so einfach zu erreichen sind und man oft nur aus Gewohnheit nicht auf Alternativen kommt. Das trifft wahrscheinlich auf das ganze Leben zu ...

Nachdem ich inzwischen im Privaten oder in unseren Kursen und in unserer Praxis viele Menschen kennenlernen durfte, die sich auf ihre individuelle Art ernähren wollen oder müssen, weiß ich, wie wichtig es ist, das Spektrum der Möglichkeiten zu erweitern. Dabei geht es nicht nur um Toleranz und Respekt, sondern oft genug auch um Gesundheit und Lebensfreude. Schon dieser Umstand an sich ist ein neues Kochbuch wert. Doch wie so oft steckt noch eine persönliche Erfahrung dahinter.

Als meine Frau und ich unser Kochbuch »Einfach mal vegan« in Vorträgen, Schulungen und Präsentationen vorstellten, kamen regelmäßig Teilnehmer auf uns zu, die hoffnungsvoll fragten, ob das Buch auch für Menschen sei, die kein Gluten vertragen. Wir suchten ihnen dann in der Seminar- oder Vortragspause die entsprechenden Rezepte heraus und gaben den Fragenden Tipps, wie sie die anderen Rezepte entsprechend verändern konnten. Natürlich war das nicht in jedem Fall möglich. Dabei wuchs immer mehr mein Bewusstsein dafür, wie viele Menschen unter Glutenunverträglichkeit oder Glutensensitivität leiden und nach etwas Verträglichem und Gutem zu essen suchen. Eine ursachenbeseitigende Therapie gibt es in der Medizin bis heute nicht. In der alternativen Medizin strebt man danach, den Gesamtstoffwechsel zu verbessern, was oft insgesamt eine bessere Verträglichkeit bewirkt. Wir behandeln dahingehend mit energetischen Methoden und Ernährungsumstellung.

Doch das Leben kann ja trotzdem gut weitergehen, wenn glutenhaltige Lebensmittel beiseite gelassen und leckere Alternativen gefunden werden. Genuss und Lebensfreude bereichern immer das Leben und spielen eine wichtige Rolle für unsere Gesundheit. Gutes Essen ist für mich ein wichtiger Faktor für meine Lebensfreude. Deshalb habe ich vegane Rezepte entwickelt, damit alle, die glutenfrei kochen möchten oder müssen, vielfältig und lecker genießen können.

Mir ging es dabei vor allem darum, Rezepte vorzustellen, die sich einfach und schnell zubereiten lassen, allen sehr gut schmecken und deshalb mit einem Wort alltagstauglich sind. Darüber hinaus sollten in meiner Rezeptsammlung auch vielfältige Geschmacksrichtungen vertreten sein – von Bodenständigem bis zu leicht exotischen Gerichten aus aller Welt.

Ein paar allgemeine Dinge möchte ich vorab zu den Rezepten anmerken:

Ein großes Anliegen ist mir, gerade als Veganer, hochwertige Lebensmittel zu empfehlen – am besten aus kontrolliert-biologischem Anbau (beispielsweise Demeter oder Bioland). Diese Lebensmittel sind der beste Garant für eine gesunde und gute Ernährung. Sie enthalten deutlich mehr geschmacksgebende Inhaltsstoffe und gesundheitsfördernde sekundäre Pflanzenstoffe als konventionell angebaute Pflanzen. Gut für die Umwelt und das Klima sind sie obendrein.

Da sich das Kochbuch an alle richtet – egal, ob erfahrene Köchinnen und Köche oder Neueinsteigerinnen und Neueinsteiger –, war ich bemüht, nicht zu viel, aber auch nicht zu wenig in den Rezepten zu erklären. Natürlich handelt es sich dabei um ein Ideal. Und Ideale sind eben Ideale ... Die Rezepte lassen sich natürlich alle vielfältig variieren und sind als Anregung gedacht, um den individuellen Geschmack und die eigene Kreativität zu entfalten. Ebenso möchte ich Sie ausdrücklich dazu animieren, eine Zutat, die gerade nicht vorhanden ist oder nicht dem eigenen Geschmack entspricht, einfach durch eine andere zu ersetzen. Nur Mut! Ich mache das genauso.

Wegen der häufig vorkommenden Prise Currypulver: In über 20 Jahren veganer Kocherfahrung habe ich die »geschmacksverstärkende« Wirkung des Currypulvers schätzen gelernt. Sie gibt einem veganen Gericht oft eine gewisse Grundwürze, ohne sich selbst in den Vordergrund zu drängen. Künstliche Geschmacksverstärker und Brühwürfel werden dadurch überflüssig. Ganz glücklich bin ich, seit ich bei dem wunderbaren Koch Vincent Klink gelesen habe, dass dieser Trick in seiner Familie in frühen Zeiten ebenfalls schon angewendet wurde. Wen diese Prise Currypulver aber stört, kann sie natürlich gerne weglassen. Die Gerichte schmecken trotzdem lecker!

Die Rezepte sind meist auch nach den Richtlinien der Trennkost gestaltet, was noch zusätzlich eine bessere Verträglichkeit mit sich bringt. Meine Frau und ich haben in den vielen Jahren unserer veganen Ernährungsweise festgestellt, dass es für uns bekömmlicher ist, kohlenhydratreiche Lebensmittel (wie Brot, Nudeln oder Getreide) nicht unbedingt mit eiweißreichen Lebensmitteln (beispielsweise Sojabohnen und andere Hülsenfrüchte) in einer Mahlzeit zu kombinieren. Wir fühlen uns dadurch deutlich fitter und gesünder und haben dies auch oft bei unseren Kursteilnehmern erlebt.

Mit meinen Rezepten möchte ich Sie ermuntern, Ihre eigenen Erfahrungen zu machen, wie Sie glutenfrei und dabei lecker und genussvoll kochen können. Viel Spaß beim Ausprobieren und Genießen!

Ihr Alexander Neukert

Mengenangaben und Umgang mit Gewürzen

Dieses Kochbuch soll eine inspirierende Anregung sein, in die leckere vegane und glutenfreie Küche hineinzuschnuppern. Die Mengenangaben der Gewürze und Kräuter sowie der Zwiebeln und des Knoblauchs sind als eine Art Grundgerüst zu verstehen, das ganz nach eigenem Geschmacksempfinden verändert werden kann. Was dem einen wunderbar schmeckt, erscheint dem anderen zu scharf oder zu flau. Gerade beim Würzen mit Salz und Pfeffer oder bei der Verwendung von Knoblauch und Zwiebeln sollten die Mengen den eigenen Vorlieben und der Bekömmlichkeit entsprechen.

In den Rezepten wird Meersalz empfohlen. Falls ein anderes Salz verwendet wird, bitte etwas vorsichtiger als im Rezept angegeben dosieren. Lieber noch mal nachwürzen!

Vegane und glutenfreie Zutaten

In den Rezepten werden einige verarbeitete Zutaten wie Bitterschokolade, Balsamico-Essig, Sojasauce sowie Wein verwendet. Damit sind Produkte mit ausschließlich pflanzlichen Bestandteilen gemeint. Auch sind einzelnen Zutaten wie Sojasauce, Senf oder körnige Gemüsebrühe (wenn diese statt selbst hergestellter Brühe verwendet wird) nicht in jedem Fall glutenfrei. Im Zweifelsfall bitte die Zutatenliste lesen oder beim Hersteller nachfragen.

Salate

Sommersalat mit Kichererbsen, Gurken und Tomaten

für 4 Personen

300 g getrocknete Kichererbsen
1 rote Zwiebel
1 Knoblauchzehe
1 Salatgurke
3 Tomaten
50 g entsteinte schwarze Oliven
3 EL Zitronensaft
3 EL natives Olivenöl
Meersalz
frisch gemahlener Pfeffer
3 EL gehackte glatte Petersilie

- Die Kichererbsen in mindestens der doppelten Menge Wasser über Nacht einweichen. Am nächsten Tag abgießen und mit frischem Wasser in einem Topf aufsetzen. Die Kichererbsen 45 – 60 Minuten bissfest garen, anschließend abgießen, abtropfen lassen und zum Abkühlen in eine Salatschüssel geben.
- Die Zwiebel und den Knoblauch schälen und fein hacken. Die Salatgurke längs halbieren, die Kerne entfernen und die Gurke in 1 cm dicke Scheiben schneiden. Die Tomaten klein würfeln und dabei die Stielansätze herausschneiden.
- Die vorbereiteten Zutaten zusammen mit den Oliven, dem Zitronensaft und Öl zu den Kichererbsen geben und alles gut miteinander vermischen. Abschließend mit etwa ½ TL Salz und Pfeffer abschmecken. Die Petersilie unter den Salat heben.

***Tipp:** Der Salat eignet sich sehr gut als selbstständige Mahlzeit, als Beilage und darüber hinaus auch sehr gut für eine Feier oder ein kaltes Buffet.*

Quinoasalat mit getrockneten Tomaten

für 4 Personen

300 g Quinoa
150 g getrocknete Tomaten
50 g Pinienkerne
1 kleine rote Zwiebel
½ Knoblauchzehe
50 g entsteinte schwarze Oliven
50 g entsteinte grüne Oliven
etwa 5 EL natives Olivenöl
2 TL weißer Balsamico-Essig
Meersalz
frisch gemahlener Pfeffer
1 Bund Basilikum

- Die Quinoa gemäß der Packungsangabe mit etwa der doppelten Menge Wasser aufkochen, etwa 30 Minuten bei geringer Temperatur quellen und dann abkühlen lassen.
- Die getrockneten Tomaten in einer kleinen Schüssel mit etwas Wasser für etwa 30 Minuten einweichen. Danach herausnehmen, abtropfen lassen und dünne Scheiben schneiden.
- In der Zwischenzeit die Pinienkerne in einer trockenen Pfanne etwa 5 Minuten leicht anrösten und abkühlen lassen.
- Die Zwiebel und den Knoblauch schälen und fein hacken. Die Oliven quer halbieren.
- Alle Zutaten in einer Salatschüssel mit dem Öl, Essig, ½ TL Salz und etwas Pfeffer gut vermischen. Mit Salz, Pfeffer und eventuell noch etwas mehr Olivenöl abschmecken.
- Die Basilikumblätter klein zupfen und darüberstreuen.

Rucola-Feigen-Salat

für 4 Personen

200 g Rucola
8 frische reife Feigen
2 EL Zitronensaft
3 EL mildes natives Olivenöl
3 Prisen Meersalz
frisch gemahlener Pfeffer

- Den Rucola in mundgerechte Stücke zupfen. Die Feigen vierteln.
- Den Rucola sowie die Feigen in einer Schüssel mit dem Zitronensaft und dem Öl vorsichtig vermischen.
- Abschließend mit Salz und Pfeffer abschmecken.

Tipp: *Dieser delikate Salat ist schnell zubereitet und schmeckt als leichte Zwischen- oder Hauptmahlzeit. Er kann aber auch sehr gut mit anderen Speisen kombiniert werden, vor allem mit mediterranen Gerichten.*

Reissalat mit Auberginen- und Zucchiniröllchen

für 4 Personen

für den Reissalat:
250 g Basmatireis
Meersalz
1 kleine Zwiebel
1 rote Peperoni
4 EL weißer Balsamico-Essig
4 EL natives Olivenöl
2 Karotten
3 EL eingelegte Kapern
4 Mandarinen
frisch gemahlener Pfeffer

für die Gemüseröllchen:
2 mittelgroße Auberginen
2 mittelgroße Zucchini
etwa 4 EL Olivenöl zum Anbraten
Meersalz
frisch gemahlener Pfeffer
1 Handvoll Rucola
Holz-Zahnstocher zum Fixieren

- Den Basmatireis in etwa ½ l kaltes Wasser geben, 2 Prisen Salz hinzufügen und den Reis 15 – 20 Minuten bei niedriger Temperatur köcheln lassen (bitte Packungsangabe beachten). Anschließend den Reis abkühlen lassen.
- Für die Gemüseröllchen die Auberginen und Zucchini putzen und längs in ½ cm dicke Scheiben schneiden. In einer beschichteten Pfanne in dem Öl goldbraun anbraten. Mit 2 Prisen Salz und Pfeffer würzen. Die erkalteten Auberginen- und Zucchinischeiben jeweils mit einem Rucolablatt belegen, einrollen und mit einem Zahnstocher fixieren.

- Für das Dressing des Reissalats die Zwiebel schälen und fein hacken. Die Peperoni entkernen, ganz fein schneiden und zusammen mit der Zwiebel, dem Essig, Öl sowie etwa ½ TL Salz in eine Salatschüssel geben und gut miteinander verrühren.
- Die Karotten putzen und fein raspeln. Kapern mit Wasser abspülen, danach leicht ausdrücken. Die Mandarinen schälen und in Stückchen zerteilen. Den Reis, die Karotten, Kapern sowie Mandarinen zum Dressing in die Schüssel geben und alle Zutaten gut miteinander vermischen. Mit Salz und Pfeffer abschmecken.
- Zum Anrichten den Reissalat auf vier Teller geben und die Röllchen gleichmäßig darauf verteilen. Nach Belieben mit halbierten Rucolablättern garnieren.

Auberginen-Kartoffel-Salat

für 4 Personen

6 – 8 vorwiegend festkochende Kartoffeln
1 große oder 2 mittelgroße Auberginen
etwa 7 EL natives Olivenöl
1 Bund Minze oder Basilikum
1 Bund frischer oder 1 TL getrockneter Oregano
1 rote Zwiebel
2 EL weißer Balsamico-Essig
Meersalz
frisch gemahlener Pfeffer

- Die Kartoffeln mit der Schale in einem Topf mit ausreichend Wasser (die Kartoffeln sollten bedeckt sein) etwa 20 Minuten garen. Das Wasser abgießen, die Kartoffeln mit etwas kaltem Wasser abschrecken, etwas abkühlen lassen und schälen.
- Die Aubergine in etwa ½ cm breite Streifen schneiden, dabei den Stielansatz entfernen. Die Auberginenstreifen in etwa 4 EL Olivenöl in einer beschichteten Pfanne etwa 5 Minuten goldbraun anbraten.
- Die Kartoffeln in feine Scheiben schneiden und in eine Salatschüssel geben.
- Die Blätter der Kräuter abzupfen und bei Bedarf mundgerecht zerkleinern. Die Zwiebel schälen und fein hacken.
- Die Auberginenstreifen, die Kräuter, Zwiebelwürfel, den Essig und 3 EL Öl sowie 3 Prisen Salz und etwas Pfeffer zu den Kartoffeln geben. Alles gut miteinander vermischen. Den Salat mit Salz und Pfeffer abschmecken.

Sizilianischer Tomatensalat

für 2 – 4 Personen

8 getrocknete Tomaten
20 Kirschtomaten oder 4 Tomaten
½ kleine rote Zwiebel
1 unbehandelte Zitrone
3 EL natives Olivenöl
Meersalz
frisch gemahlener Pfeffer
1 Bund Minze oder Basilikum

- Die getrockneten Tomaten 30 – 45 Minuten in etwas Wasser einweichen. Das Wasser abgießen und die abgetropften Tomaten in feine Würfel schneiden.
- Die Kirschtomaten halbieren (oder Tomaten in Stücke schneiden und die Stielansätze dabei entfernen) und auf eine große Servierplatte geben. Die gewürfelten getrockneten Tomaten darüber verteilen.
- Die Zwiebel schälen und fein hacken. Mit einem Zestenreißer die Schale der Zitrone abziehen (oder fein abreiben).
- Die Zitrone auspressen und den Saft mit dem Öl, der Zitronenschale, 3 Prisen Salz und etwas Pfeffer gut verrühren. Das Dressing mit einem Löffel gleichmäßig über die Tomaten träufeln.
- Die abgezupften Blätter der Minze oder des Basilikums darüberstreuen. Der Salat sollte vor dem Servieren noch etwa 30 Minuten ziehen.

Tipp: *Dieser Salat eignet sich ganz besonders für warme und heiße Sommertage. Er hat eine wunderbar erfrischende Wirkung. Man kann ihn einfach so genießen oder als Beilage zu Pasta oder mit einem anderen Salat wie beispielsweise Auberginen-Kartoffel-Salat von Seite 18 servieren.*

Paprikasalat mit Kapern

für 4 Personen

3 rote Paprikaschoten
2 EL natives Olivenöl
4 große Tomaten
1 Knoblauchzehe
2 EL eingelegte Kapern
Meersalz
frisch gemahlener Pfeffer
1 Bund Basilikum

- Die Paprikaschoten halbieren sowie die Kerne und die Stielansätze entfernen. Ein Backblech mit 1 EL Olivenöl einpinseln und die Paprika mit der Schnittfläche nach unten im auf 220 °C vorgeheizten Backofen etwa 30 Minuten rösten. Sobald die Haut Blasen bildet, die Paprika herausnehmen und auskühlen lassen. Anschließend vorsichtig die Haut abziehen und die Paprika in dünne Streifen schneiden.
- Die Tomaten in Würfel schneiden, dabei die Stielansätze entfernen. Den Knoblauch schälen und fein hacken. Die Kapern mit Wasser abspülen und vorsichtig ausdrücken.
- Die Paprikastreifen mit den Tomaten, dem Knoblauch sowie den Kapern in einer Salatschüssel vermischen und mit Salz und Pfeffer würzen.
- Den Salat etwa 30 Minuten ziehen lassen und vor dem Servieren nochmals mit Salz und Pfeffer abschmecken.
- Zum Anrichten auf eine Platte geben und mit den klein gezupften Basilikumblättern bestreuen.

Griechischer Bauernsalat

für 4 Personen

450 g festkochende Kartoffeln
450 g grüne Bohnen
6 Tomaten
1 rote Zwiebel
1 Knoblauchzehe
2 EL Zitronensaft
4 EL natives Olivenöl
Meersalz
frisch gemahlener Pfeffer
1 Bund Schnittlauch

- Die Kartoffeln mit der Schale in einem Topf mit ausreichend Wasser etwa 20 Minuten garen. Die Kartoffeln abgießen und mit kaltem Wasser abschrecken. Etwas abkühlen lassen, danach die Kartoffeln schälen und in dünne Scheiben schneiden.
- Die grünen Bohnen putzen und in einen Topf mit kochendem Wasser geben. Die Bohnen etwa 5 Minuten blanchieren. Danach die Bohnen über einem Sieb abgießen und mit kaltem Wasser abschrecken.
- Währenddessen die Tomaten in Würfel schneiden und dabei die Stielansätze entfernen. Die Zwiebel schälen und fein würfeln, den Knoblauch schälen und fein hacken.
- Die Tomaten, Zwiebel sowie den Knoblauch mit dem Zitronensaft und dem Öl, 3 Prisen Salz und etwas Pfeffer in einer Salatschüssel vermischen.
- Die grünen Bohnen sowie die Kartoffeln zu dem Dressing geben und alle Zutaten vorsichtig miteinander vermischen. Nochmals mit Salz und Pfeffer abschmecken.
- Den Salat vor dem Servieren mit dem klein geschnittenen Schnittlauch bestreuen.

Pikanter Avocadosalat

für 4 Personen

1 rote Zwiebel
2 Avocados
1 EL Limettensaft
1 Tomate
1 rote Paprikaschote
frisch gemahlener Pfeffer
1 Messerspitze Chilipfeffer
½ TL gemahlener Koriander
1 TL gemahlener Kreuzkümmel
Meersalz
4 TL gehackte Korianderblätter
4 EL natives Olivenöl

- Die Zwiebel schälen, ganz fein hacken und in eine Schüssel geben.
- Die Avocados halbieren, die Steine entfernen und das Fruchtfleisch herausheben. Die Avocados in kleine Würfel schneiden, in die Schüssel dazugeben und sofort mit dem Limettensaft beträufeln.
- Die Tomate quer halbieren und mit einem Löffel die Kerne entfernen. Dann die Paprika ebenfalls halbieren, Kerne und Stielansatz entfernen. Die Tomate sowie die Paprika fein würfeln und zu den Avocados geben.
- Die Gewürze, 2 Prisen Salz, die Korianderblätter und das Öl dazugeben und alles vorsichtig miteinander verrühren – die Avocados sollten dabei nicht zerdrückt werden.

***Tipp:** Reife Avocados erkennt man daran, dass sie bei leichtem Druck etwas nachgeben.*

Mediterraner Linsensalat mit Zitrone und Paprika

für 2 – 4 Personen

250 g rote Linsen
1 rote Zwiebel
1 Knoblauchzehe
1 Salatgurke
1 rote Paprikaschote
1 gelbe Paprikaschote
1 Frühlingszwiebel

für das Dressing:
4 EL natives Olivenöl
2 EL Zitronensaft
2 EL abgeriebene Zitronenschale
1 TL gemahlener Kreuzkümmel
½ TL Meersalz
frisch gemahlener Pfeffer

- Die roten Linsen in etwa ½ l Wasser in einem Topf 15 – 20 Minuten garen. Die Linsen abgießen und abkühlen lassen.
- Die Zwiebel schälen und fein hacken, den Knoblauch schälen und fein zerdrücken. Die Gurke in kleine Würfel schneiden. Dann die Paprikaschoten halbieren, Kerne und Stielansätze entfernen und die Paprika in feine Längsstreifen schneiden. Die Frühlingszwiebel putzen und in feine Ringe schneiden.
- In einer Salatschüssel die Zutaten für das Dressing gut miteinander verrühren.
- Das vorbereitete Gemüse sowie die Linsen in die Schüssel geben und mit dem Dressing gut vermischen. Den Salat etwa 15 Minuten ziehen lassen und mit Salz und Pfeffer abschmecken.

Toskanischer Bauernsalat

für 4 Personen

250 g getrocknete weiße Bohnen
1 Brokkoli
7 EL natives Olivenöl
etwa 4 EL Wasser
Meersalz
3 EL Zitronensaft
frisch gemahlener Pfeffer
1 Knoblauchzehe
1 rote Paprikaschote
1 rote Peperoni
1 Bund glatte Petersilie

- Die Bohnen über Nacht in reichlich Wasser einweichen. Am nächsten Tag abgießen und mit frischem Wasser in einem Topf aufsetzen. Die Bohnen 45 – 60 Minuten bissfest garen, anschließend abgießen und abkühlen lassen.
- Den Brokkoli in kleine Röschen zerteilen. Diese in einer Pfanne mit 3 EL Öl etwa 3 Minuten anschwitzen und mit dem Wasser ablöschen. Mit 3 Prisen Salz würzen und etwa 5 Minuten bei geschlossenem Deckel köcheln lassen. Der Brokkoli sollte noch Biss haben. Danach abkühlen lassen.
- Für das Dressing die restlichen 4 EL Öl, den Zitronensaft, etwa ½ TL Salz, Pfeffer aus der Mühle sowie den geschälten und fein gehackten Knoblauch in einer Salatschüssel gut verrühren.
- Die Paprikaschote in kleine Würfel schneiden, dabei die Kerne und den Stielansatz entfernen. Dann die Peperoni entkernen und sehr fein hacken. Die Petersilie grob schneiden.
- Die Paprika, Peperoni und Petersilie zusammen mit dem Brokkoli und den Bohnen in die Schüssel zu dem Dressing geben. Alle Zutaten gut vermischen und mit Salz und Pfeffer abschmecken.

Tipp: *Crostini, in der Pfanne mit etwas Olivenöl geröstete Brotscheiben, passen wunderbar dazu. Der Salat macht sich auch sehr gut auf einem Buffet.*

Hirsesalat

für etwa 4 Personen

200 g Hirse
Meersalz
frisch gemahlener Pfeffer
1 Messerspitze Kurkumapulver
1 kleine Zwiebel
1 kleine bis mittelgroße Salatgurke
150 g Tomaten
1 kleine Knolle Fenchel
1 Bund glatte Petersilie
150 g eingelegte kleine Artischocken
2 unbehandelte Zitronen
1 TL Fenchelsamen
etwa 6 EL natives Olivenöl
30 g Pinienkerne oder gehäutete Mandeln

- Die Hirse in einem Topf mit etwa ½ l Wasser, 1 TL Salz, etwas Pfeffer aus der Mühle und dem Kurkumapulver zum Kochen bringen. Die Hirse zunächst bei niedriger Temperatur und am Ende bei abgeschalteter Herdplatte etwa 30 Minuten quellen lassen.
- Währenddessen die Zwiebel schälen und klein hacken. Die Gurke und die Tomaten in kleine Würfel schneiden, dabei die Stielansätze entfernen. Den Fenchel in feine Streifen schneiden, dabei die Stängel und den Strunk entfernen. Alles zusammen in eine Schüssel geben.
- Die Petersilienblätter grob hacken und die eingelegten Artischocken halbieren. Petersilie und Artischocken in die Schüssel dazugeben.
- Die Schalen der Zitronen fein abreiben und die Zitronen auspressen. Den Fenchelsamen fein mörsern, danach mit Salz und etwas Pfeffer, der Zitronenschale und dem Zitronensaft sowie dem Öl gut vermischen. Das Dressing mit der gekochten Hirse zu dem Gemüse in die Schüssel geben und alles gut vermischen.
- Den Salat an einem kühlen Ort 2 – 4 Stunden durchziehen lassen. Die Pinienkerne oder die grob gehackten Mandeln in einer trockenen Pfanne anrösten. Den Salat noch einmal umrühren, mit Salz und Pfeffer abschmecken und mit den Pinienkernen oder Mandeln bestreuen.

Bunter Bohnensalat

für 4 Personen

200 g getrocknete schwarze Bohnen
200 g getrocknete weiße Bohnen
200 g getrocknete rote Bohnen
200 g grüne Bohnen
1 Zwiebel
1 Knoblauchzehe
1 Frühlingszwiebel
1 rote Paprikaschote
100 g gegarter Gemüsemais
frisch gemahlener Pfeffer
½ TL gemahlener Kreuzkümmel
Meersalz
2 EL Balsamico-Essig
4 EL natives Olivenöl
1 frische Chilischote
2 EL Wasser
½ TL grobkörniger (oder »normaler«) Senf

- Die schwarzen Bohnen sowie in einer zweiten Schüssel die weißen und roten Bohnen über Nacht in reichlich Wasser einweichen. Am nächsten Tag abgießen und mit frischem Wasser jeweils in einem Topf aufsetzen (die weißen und roten Bohnen können zusammen gegart werden). Die Bohnen 45 – 60 Minuten bissfest garen, anschließend abgießen und abkühlen lassen.
- Währenddessen die grünen Bohnen putzen und etwa 5 Minuten in sprudelnd kochendem Wasser blanchieren. Danach das Wasser abgießen und die Bohnen mit kaltem Wasser abschrecken (sie behalten so ihr frisches Grün). Die grünen Bohnen in 2 – 3 cm große Stücke schneiden.
- Die Zwiebel und den Knoblauch schälen, fein hacken und in eine große Salatschüssel geben. Die Frühlingszwiebel putzen und in feine Streifen schneiden. Die Paprikaschote halbieren, entkernen, Stielansatz entfernen und die Paprikahälften in kleine Würfel schneiden. Frühlingszwiebeln sowie Paprika mit der Zwiebel und dem Knoblauch vermischen.
- Die grünen Bohnen, den abgetropften Gemüsemais und die gegarten bunten Bohnen mit den Zutaten in der Schüssel vermischen. Mit den Gewürzen und ½ TL Salz würzen.

- Für das Dressing den Balsamico-Essig, das Öl, die entkernte und fein gehackte Chilischote, das Wasser sowie den Senf in eine kleine Schüssel geben. Mit einem kleinen Schneebesen gut verrühren. Den Salat mit dem Dressing gut vermischen. Mit Salz und Pfeffer abschmecken.

Tipp: Der Salat schmeckt am besten, wenn er einige Stunde durchziehen konnte. Er lässt sich gut schon am Vortag zubereiten. Als Hauptmahlzeit, Beilage, für ein Picknick (gut kühlen!) oder ein Fest ist er sehr gut geeignet.

Blumenkohlsalat

für 2 – 4 Personen

1 mittelgroßer Blumenkohl
16 EL natives Olivenöl
Meersalz
frisch gemahlener schwarzer Pfeffer
100 ml Wasser
1 Handvoll frische Salbeiblätter oder 3 – 4 EL getrocknete Salbeiblätter
2 EL Cashewnüsse
Saft von ½ Zitrone
½ Knoblauchzehe

- Den Blumenkohl in kleine Röschen teilen und in einer großen Pfanne mit etwa 2 EL Olivenöl bei geschlossenem Deckel leicht anbraten. Nach etwa 5 Minuten mit 1 Prise Salz und frisch gemahlenem Pfeffer würzen.
- Das Wasser zum Blumenkohl geben, umrühren, sodass sich der Bratenfond lösen kann, und den Blumenkohl etwa 10 Minuten bissfest garen. Die Pfanne von der Herdplatte nehmen und den Blumenkohl abkühlen lassen.
- In einer beschichteten Pfanne mit etwa 8 EL Olivenöl die frischen oder getrockneten Salbeiblätter anrösten, bis sie knusprig geworden sind. Die Salbeiblätter mit dem Öl aus der Pfanne zusammen mit dem Blumenkohl in eine Schüssel geben.
- Die Cashewnüsse grob hacken und in einer beschichteten Pfanne etwa 3 Minuten leicht anrösten.
- Den Zitronensaft mit den restlichen 6 EL Olivenöl, dem geschälten und klein gehackten Knoblauch, etwas Salz und Pfeffer in einer kleinen Schüssel vermischen. Das Dressing gleichmäßig über den Blumenkohl geben. Dann die Cashewnüsse hinzufügen und alles gut durchmischen. Zum Schluss den Salat mit Salz und Pfeffer abschmecken.

Tipp: *Dieses Gericht schmeckt auch warm sehr gut zu Reis, Backofenkartoffeln oder mit glutenfreien Farfalle. Dazu den Blumenkohl nicht abkühlen lassen.*

Bunter Blattsalat mit raffinierter Marinade

für etwa 4 Personen

½ Knoblauchzehe
1 frische rote Chilischote
1 TL fein gehackter Ingwer
4 EL Balsamico-Essig
4 EL natives Olivenöl
1 EL Agavendicksaft
4 EL Wasser
2 kleine Salatgurken
1 Bund Radieschen
2 Karotten
1 kleine Knolle Fenchel
1 rote Paprikaschote
1 gelbe Paprikaschote
150 g Champignons
8 Cocktailtomaten oder 4 Tomaten
1 Handvoll Radicchioblätter
1 Handvoll Rucola
1 Handvoll Kopfsalatblätter
Meersalz
frisch gemahlener Pfeffer

- Den Knoblauch schälen und fein hacken. Die Chilischote entkernen, sehr fein schneiden und zusammen mit Ingwer, Knoblauch, Balsamico-Essig, Öl, Agavendicksaft und Wasser gut zu einem Dressing verrühren.
- Das Gemüse putzen. Entweder die Gurken, Radieschen, Karotten, den Fenchel, die Paprika und Champignons klein würfeln oder – für alle Ästheten oder Menschen mit etwas mehr Zeit – alles in feine Scheiben schneiden. Die Cocktailtomaten halbieren oder die Tomaten achteln und dabei die Stielansätze entfernen.
- Die Blattsalate klein zupfen und zusammen mit dem restlichen Gemüse in eine Schüssel geben. Gut mit dem Dressing vermischen. Zum Schluss mit Salz und Pfeffer aus der Mühle würzen.

Griechischer Reissalat

für etwa 4 Personen

150 g Vollkornreis
Meersalz
1 Salatgurke
4 Tomaten
1 rote Zwiebel
100 g entsteinte schwarze Oliven
100 g entsteinte grüne Oliven
½ TL getrockneter Thymian
½ TL getrockneter Majoran
½ TL getrockneter Dill
¼ TL getrocknetes Basilikum
4 EL natives Olivenöl
1 EL Balsamico-Essig
1 Knoblauchzehe nach Belieben
frisch gemahlener Pfeffer

- Den Reis in etwa der doppelten Menge Wasser 35 – 45 Minuten garen. Nach etwa der Hälfte der Kochzeit mit ½ TL Salz würzen. Den gegarten Reis abkühlen lassen.
- In der Zwischenzeit die Gurke klein würfeln. Die Tomaten in kleine Würfel schneiden, dabei die Stielansätze entfernen. Die Zwiebel schälen und in feine Scheiben schneiden.
- Das vorbereitete Gemüse mit dem gegarten Reis, den Oliven und den Kräutern in einer Salatschüssel gut vermischen.
- Das Öl und den Essig darunterziehen. Zunächst nur 1 Prise Salz dazugeben, da die Tomaten und Gurken sonst zu viel Wasser ziehen. Nach Belieben noch eine geschälte, klein gehackte Knoblauchzehe dazugeben und den Salat gut vermischen.
- Vor dem Servieren den Salat mit Salz und Pfeffer aus der Mühle kräftig abschmecken.

Antipasti-Salat

für 4 Personen

2 mittelgroße Zucchini
2 mittelgroße Auberginen
10 EL natives Olivenöl
2 rote Paprikaschoten
1 Knoblauchzehe
1 EL Ahornsirup
1 EL abgeriebene Zitronenschale
3 EL Zitronensaft
100 g entsteinte schwarze Oliven
100 g entsteinte grüne Oliven
2 entsteinte getrocknete Datteln
2 EL Pinienkerne
Meersalz
frisch gemahlener Pfeffer
1 Chicorée
8 Basilikumblätter

- Die Zucchini und Auberginen in etwa ½ cm dicke Scheiben schneiden und in einer beschichteten Pfanne mit 4 EL Öl 5 – 7 Minuten anbraten, sodass sie auf jeder Seite leicht gebräunt sind. Das Gemüse aus der Pfanne nehmen.
- Die Paprikaschoten in grobe Stücke schneiden, dabei die Stielansätze und Kerne entfernen. Die Paprika separat in der Pfanne mit etwa 2 TL Öl ebenfalls 5 – 7 Minuten anbraten. Die Paprika aus der Pfanne nehmen.
- Den geschälten und fein gehackten Knoblauch, Ahornsirup, Zitronenschale, Zitronensaft sowie etwa 3 EL Öl in die Pfanne geben. Die Pfanne von der Herdplatte nehmen und alles gut verrühren, sodass sich der Bratenfond löst.
- Das angebratene Gemüse in die Pfanne zurückgeben, mit der Marinade vermischen und etwas abkühlen lassen. Die Oliven sowie die klein gewürfelten Datteln dazugeben.
- Die Pinienkerne in einer trockenen Pfanne etwa 5 Minuten anrösten und zu den Antipasti geben. Mit Salz und Pfeffer abschmecken.
- Die Antipasti in die Mitte einer Platte geben und gut abkühlen lassen. Den Chicorée in feine Streifen schneiden, dabei den Strunk entfernen, und die Salatblätter um die Antipasti herum auf die Platte legen. Den Chicorée mit 2 EL Öl gleichmäßig beträufeln. Die klein gezupften Basilikumblätter darüberstreuen.

Bunter Salat aus Wurzelgemüse

für 2 Personen

1 Pastinake
2 Karotten
1 Rote Bete
2 Frühlingszwiebeln
1 Handvoll Endiviensalatblätter
2 EL gehackter Schnittlauch oder gehackte Petersilie

für das Dressing:
1 kleine Zwiebel
1 EL Sonnenblumenkerne
3 EL Sonnenblumenöl
Saft von ½ Zitrone
Meersalz
frisch gemahlener Pfeffer

- Die Pastinake schälen. Die Karotten und die Rote Bete gut abbürsten und die Wurzeln und Stielansätze entfernen. Das Wurzelgemüse fein raspeln. Nach Belieben zusammen in eine große Schüssel oder jede Gemüseart in eine separate Schüssel geben. (Bei der zweiten Variante ergibt sich beim Anrichten ein schöner Farbkontrast.)
- Die Frühlingszwiebeln putzen und in feine Ringe schneiden. Die Endiviensalatblätter in feine Streifen schneiden.
- Für das Dressing die Zwiebel schälen und klein hacken. Die Sonnenblumenkerne in einer trockenen Pfanne leicht anrösten. Das Öl mit dem Zitronensaft und der Zwiebel sowie den gerösteten Sonnenblumenkernen in einer großen Schüssel vermischen und mit 2 Messerspitzen Salz und etwas Pfeffer aus der Mühle würzen.
- Das Salatgemüse ohne die Frühlingszwiebeln in der Schüssel mit dem Dressing vermischen oder die fein geraspelten Gemüse zusammen mit dem Endiviensalat dekorativ auf die Teller verteilen und das Dressing darüberträufeln.
- Die Frühlingszwiebeln und die fein gehackten Kräuter am Schluss darüberstreuen.

Waldorfsalat

für 4 Personen

1 Stück frischer Ingwer (etwa 3 cm)
1 Zwiebel
5 EL natives Sonnenblumenöl
4 EL Sojasauce
2 EL Balsamico-Essig
100 ml Orangensaft
5 EL Zitronensaft
Meersalz
frisch gemahlener Pfeffer
1 mittelgroße Knolle Sellerie
3 Karotten
2 – 3 Äpfel (etwa 300 g)
100 g Walnuss- oder ungeröstete Erdnusskerne

- Den Ingwer und die Zwiebel schälen und fein hacken. Das Öl, die Sojasauce und den Balsamico-Essig, Orangen- und Zitronensaft in einer Schüssel gut vermischen. Ingwer und Zwiebel dazugeben. Das Dressing mit 1 TL Salz und Pfeffer würzen. Den Sellerie und die Karotten schälen und raspeln. Die Äpfel vierteln, die Kerngehäuse entfernen und die Äpfel ungeschält grob raspeln.
- Die Nüsse in einer beschichteten Pfanne ohne Fett etwa 5 Minuten leicht anrösten.
- Die Sellerie- und Karottenraspel sowie die gehackten Nüsse und die Apfelraspel in die Schüssel zu dem Dressing geben, gut vermischen und mit Salz und Pfeffer abschmecken.
- Anschließend sollte der Salat für etwa 2 Stunden ziehen.

Tipp: *Der Salat schmeckt auch ganz wunderbar, wenn Sie gewürfelte Ananas statt der Äpfel verwenden.*

Quinoasalat mit Radicchio

für 4 Personen

150 g Quinoa
Meersalz
½ TL Kurkumapulver
1 kleiner Radicchio
2 Frühlingszwiebeln
2 mittelgroße Karotten
1 unbehandelte Zitrone
6 EL natives Olivenöl
frisch gemahlener Pfeffer

- Die Quinoa mit etwa der doppelten Menge Wasser aufkochen. (Bitte Packungsangabe beachten.) Etwa ½ TL Salz und Kurkumapulver dazugeben, vermischen und etwa 30 Minuten bei niedriger Temperatur quellen lassen. Anschließend die Quinoa abkühlen lassen
- Währenddessen den Radicchio putzen und in mundgerechte Teile zupfen. Die Frühlingzwiebeln putzen und in feine Ringe schneiden. Die Karotten putzen und fein raspeln.
- Die Zitronenschale mit dem Zestenreißer in feinen Streifen abziehen (oder abreiben) und die Zitrone auspressen. Zitronenschale, den Saft sowie das Öl gut verrühren und in einer Schüssel mit der Quinoa, dem Gemüse und den Frühlingszwiebeln vermischen.
- Den Salat etwa 30 Minuten ziehen lassen und vor dem Servieren mit Salz und Pfeffer abschmecken.

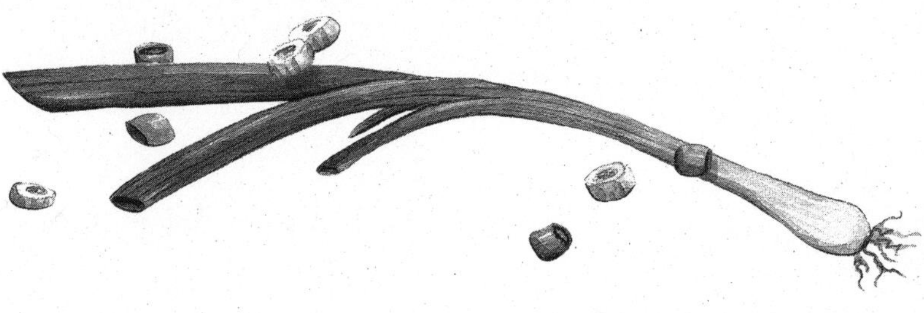

Marinierte Zucchini mit Minze auf Kartoffelbett

für 4 Personen

10 Kartoffeln
1 mittelgroßer Zucchino
2 Knoblauchzehen
1 unbehandelte Zitrone
Meersalz
frisch gemahlener Pfeffer
etwa 100 ml natives Olivenöl
1 Bund Minze
6 große Zucchini

- Die ungeschälten Kartoffeln in einem Topf mit ausreichend Wasser (die Kartoffeln sollten bedeckt sein) etwa 20 Minuten garen. Das Wasser abgießen, die Kartoffeln mit kaltem Wasser abschrecken, schälen und in einem frischen Kochtopf auf der ausgeschalteten Hitzequelle warm halten.
- Den mittelgroßen Zucchino in kleine Würfel schneiden, dabei den Stielansatz entfernen. Den Knoblauch schälen und grob hacken. Die Schale der Zitrone abreiben und zusammen mit den Zucchiniwürfeln sowie dem Knoblauch sowie 2 Prisen Salz, Pfeffer und 70 ml Olivenöl in ein Gefäß mit hohem Rand geben. Mit dem Pürierstab alles gut durchmixen.
- Die Blätter der Minze von den Stängeln zupfen, grob hacken und gut mit dem pürierten Zucchino vermischen. Mit Salz und Pfeffer abschmecken.
- Die anderen Zucchini mit dem Sparschäler in dünne Scheiben schneiden, dabei die Stielansätze entfernen. Die Zucchinischeiben in einer großen Pfanne portionsweise mit etwa 4 EL Olivenöl auf einer Seite etwa 3 Minuten goldbraun anrösten. Die Zucchinischeiben von der Herdplatte nehmen. Die Zitrone auspressen und die Zucchini in der Pfanne mit dem Saft beträufeln. Mit Salz und Pfeffer gut würzen.
- Die Pellkartoffeln in dünne Scheiben schneiden und auf vorgewärmte Teller legen. Die Zucchinischeiben aus der Pfanne nehmen und gleichmäßig auf den Kartoffeln verteilen, sodass die äußere Reihe der Kartoffelscheiben noch sichtbar ist. Zum Schluss das Zucchini-Minze-Pesto darübergeben und 1 – 2 EL Zucchini-Zitronen-Bratfond in der Mitte darüberträufeln.

Suppen

Zuppa della Nonna

für 4 Personen

220 – 250 g grüne Linsen
10 Kartoffeln
700 g Tomaten
1 Zwiebel
1 Bund glatte Petersilie
8 EL natives Olivenöl
frisch gemahlener Pfeffer
1 Prise Currypulver
1 Prise frisch geriebene Muskatnuss
Meersalz
½ TL getrockneter Rosmarin
1 l Wasser
2 Knoblauchzehen

- Die Linsen mit ½ l Wasser in einem Topf aufkochen und bei niedriger Temperatur etwa 45 Minuten garen. Falls noch ein Rest Wasser im Topf verbleiben sollte, diesen für die Suppe verwenden.
- In der Zwischenzeit die Kartoffeln schälen und in 1 – 2 cm große Würfel schneiden. Die Tomaten fein würfeln, dabei die Stielansätze entfernen.
- Die Zwiebel schälen, Stängel der Petersilie abschneiden. Zwiebel und Stängel klein hacken und in 2 – 3 EL heißem Öl etwa 3 Minuten in einem Topf anschwitzen. Die gewürfelten Kartoffeln und Tomaten, die Gewürze, etwas Salz sowie den Rosmarin in den Topf dazugeben. Mit dem heißen Wasser ablöschen und die Suppe etwa 15 Minuten garen.
- Das restliche Olivenöl, den geschälten und klein gehackten Knoblauch sowie die gegarten Linsen dazugeben und mit Salz und Pfeffer abschmecken.
- Vor dem Servieren die Suppe mit den grob gehackten Petersilienblättern bestreuen.

***Tipp:** Eine sehr schnell zubereitete Suppe nach Art der Großmutter aus Italien, wobei natürlich auch in Italien jede Großmutter ihre eigenen Rezepte hat. Deshalb sind für diese Suppe unzählige Variationen möglich. Statt der Linsen können andere Hülsenfrüchte wie beispielsweise weiße Bohnen mit anderen Gemüsearten – beispielsweise Staudensellerie und Karotten – verwendet werden.*

Kichererbsen-Paprika-Suppe

für 4 Personen

250 g getrocknete Kichererbsen
2 Kartoffeln
3 rote Paprikaschoten
1 Karotte
2 rote Zwiebeln
1 Bund glatte Petersilie
8 EL natives Olivenöl
3 Tomaten
frisch gemahlener Pfeffer
1 Prise Currypulver
1 – 1 ½ TL Meersalz
1 Prise getrockneter Thymian
½ TL getrockneter Rosmarin
2 l Wasser

- Die Kichererbsen in mindestens der doppelten Menge Wasser über Nacht einweichen. Am nächsten Tag das Einweichwasser abgießen und die Kichererbsen in frischem Wasser (so viel, dass diese im Topf davon bedeckt sind) etwa 60 Minuten bissfest garen. Das restliche Kochwasser abgießen.
- Währenddessen die Kartoffeln schälen und klein würfeln. Die Paprikaschoten halbieren, die Stielansätze sowie die Kerne entfernen und die Paprikahälften in Streifen schneiden. Die Karotte putzen und fein würfeln. Die Tomaten würfeln und dabei die Stielansätze entfernen.
- Die Zwiebeln schälen und fein hacken. Die Stängel der Petersilie abschneiden und ebenfalls fein schneiden. Zwiebeln und Petersilienstängel in 2 – 3 EL Öl etwa 5 Minuten anschwitzen. Das vorbereitete Gemüse hinzufügen. Die Gewürze, etwa 1 TL Salz, den zwischen den Fingern zerriebenen Thymian und Rosmarin darunterrühren. Alles zusammen etwa 3 Minuten andünsten.
- Das Gemüse mit dem Wasser ablöschen und die Suppe etwa 15 Minuten kochen. Die fertig gegarten Kichererbsen dazugeben und in der Suppe noch einmal kurz miterhitzen. Mit Salz und Pfeffer abschmecken.
- Vor dem Servieren die angerichtete Suppe mit den grob geschnittenen Petersilienblättern bestreuen.

Minestrone con riso e fagioli

für 4 Personen

250 g getrocknete weiße Bohnen
1 rote Zwiebel
2 Knoblauchzehen
8 EL natives Olivenöl
1 Stange Staudensellerie
8 Tomaten
200 g Langkorn-Vollkornreis
1 ½ l Wasser
125 ml trockener Weißwein nach Belieben
frisch gemahlener Pfeffer
1 Prise Currypulver
Meersalz
1 frische rote Peperoni
1 Bund glatte Petersilie
4 EL gehackte Minze

- Die Bohnen in mindestens der doppelten Menge Wasser über Nacht einweichen. Am nächsten Tag abgießen und mit frischem Wasser in einem Topf aufsetzen. Die Bohnen etwa 60 Minuten bissfest garen. Anschließend abgießen und abtropfen lassen.
- In der Zwischenzeit die Zwiebel schälen, in feine Ringe schneiden und in einem Topf mit dem geschälten und klein gehackten Knoblauch in 2 – 3 EL Olivenöl anschwitzen.
- Den Sellerie in dünne Scheiben schneiden. Die Tomaten fein würfeln, dabei die Stielansätze herausschneiden. Sellerie und Tomaten in den Topf zu den Zwiebeln geben und etwa 5 Minuten mit andünsten.
- Den Reis hinzufügen, danach mit dem Wasser und dem Wein ablöschen. (Für die alkoholfreie Variante den Wein einfach weglassen.) Die Gewürze, etwa 1 glatt gestrichenen TL Salz sowie die entkernte und klein geschnittene Peperoni dazugeben. Unter Rühren die Suppe etwa 15 Minuten köcheln lassen.
- Die Bohnen hinzufügen und noch 5 Minuten weiterköcheln lassen. Mit Salz und Pfeffer abschmecken sowie die grob gehackte Petersilie unterrühren.
- Die Minestrone vor dem Anrichten mit der frischen Minze bestreuen.

Gazpacho

für 4 Personen

1 rote Zwiebel
½ rote Paprikaschote
½ Gurke
3 Tomaten
½ l Tomatensaft
3 EL natives Olivenöl
1 EL Weißweinessig
1 Knoblauchzehe
Meersalz
frisch gemahlener Pfeffer
1 Bund Basilikum

- Die Zwiebel schälen und fein hacken. Die Paprikahälfte entkernen und zusammen mit der Gurke ebenso ganz fein hacken. Die Tomaten in ganz kleine Würfel schneiden, dabei die Stielansätze entfernen.
- Das vorbereitete Gemüse mit dem Tomatensaft, Öl und Essig in einem Topf vermischen. Den geschälten und durchgepressten Knoblauch dazugeben. Alles gut miteinander vermischen und mit Salz und Pfeffer würzen.
- Die Gazpacho etwa 1 Stunde kalt stellen.
- Zum Servieren noch einmal mit Salz und Pfeffer abschmecken und jede Portion mit klein gezupften Basilikumblättern bestreuen.

Tipp: *Die erfrischende kalte Tomaten-Gurken-Suppe aus Spanien ist vor allem für heiße Sommertage zu empfehlen.*

Würzige Linsen-Spinat-Suppe

für 4 Personen

1 mittelgroße Zwiebel
2 Knoblauchzehen
8 EL natives Olivenöl
250 g braune Linsen
1 l Gemüsebrühe (Rezept siehe Seite 70)
1 TL gemahlener Kreuzkümmel
½ unbehandelte Zitrone
20 große Spinatblätter
Meersalz
frisch gemahlener Pfeffer
2 EL gehackte Korianderblätter

- Die Zwiebel und 1 Knoblauchzehe schälen, fein hacken und in einem Topf mit 2 – 3 EL Öl etwa 3 Minuten anschwitzen.
- Die Linsen dazugeben und 2 – 3 Minuten mit andünsten. Mit der Gemüsebrühe ablöschen und den Kreuzkümmel hinzufügen. Die Linsen etwa 45 Minuten garen (bitte Packungsangabe beachten).
- Die Schale der Zitrone abreiben und die Zitronenhälfte auspressen. Zitronensaft beiseite stellen. Nach etwa 30 Minuten Kochzeit die Zitronenschale zu den Linsen geben. Kurz vor Ende der Garzeit die in feine Streifen geschnittenen Spinatblätter hinzufügen und die Suppe noch etwa 5 Minuten weiterköcheln lassen.
- Die Suppe von der Herdplatte nehmen und die zweite geschälte und fein gehackte Knoblauchzehe, das restliche Olivenöl sowie den Zitronensaft mit der Suppe gut verrühren. Anschließend mit Salz und Pfeffer abschmecken.
- Vor dem Servieren die fein gehackten Korianderblätter über die Linsensuppe streuen.

Mexikanische Tomatensuppe

für 4 Personen

1 große Zwiebel
1 Karotte
5 EL natives Olivenöl
400 g gegarter Gemüsemais
1 Prise Currypulver
½ TL edelsüßes Paprikapulver
frisch gemahlener Pfeffer
Meersalz
1 – 2 frische Chilischoten
400 g passierte Tomaten (aus etwa 10 Tomaten, nach Saison frisch oder aus dem Glas)
3 Tomaten
1 Knoblauchzehe
3 EL gehackter Schnittlauch oder gehackte Petersilie

- Die Zwiebel schälen und fein würfeln. Die Karotte putzen und in kleine Würfel schneiden. Die Zwiebel und die Karotte in 2 – 3 EL Öl in einem Topf etwa 5 Minuten anschwitzen.
- Die Hälfte der Maiskörner dazugeben und etwa 5 Minuten mit anschwitzen. Die Gewürze, etwa 1 glatt gestrichenen TL Salz sowie die klein gehackten und zuvor entkernten Chilischoten dazugeben. Mit den passierten Tomaten ablöschen.
- Die Suppe etwa 15 Minuten bei mittlerer Temperatur köcheln lassen. Anschließend mit dem Mixstab alles fein pürieren.
- Die Tomaten in kleine Würfel schneiden und dabei die Stielansätze herausschneiden. Die Tomaten, den restlichen Mais, den geschälten und klein gehackten Knoblauch sowie das restliche Öl gut mit der Suppe vermischen.
- Die Suppe bei abgeschalteter Herdplatte noch etwa 5 Minuten durchziehen lassen und vor dem Anrichten mit den fein gehackten Kräutern bestreuen.

Tipp: *Wer mag, kann gerne jeweils noch 1 – 2 EL Sojasahne in die Mitte der Suppenportion geben. Es sieht nicht nur gut aus, sondern schmeckt auch gut. Die Kräuter dann zum Schluss darübergeben.*

Marokkanische Kürbissuppe

für 6 Personen

1 mittelgroßer Hokkaidokürbis
2 Zwiebeln
2 Knoblauchzehen
8 EL natives Olivenöl
1 Kartoffel
1 TL Chilipulver
frisch gemahlener Pfeffer
2 EL gemahlener Kreuzkümmel
1 EL gemahlener Koriander
1 TL edelsüßes Paprikapulver
Meersalz
1 ½ l Wasser
1 kleine Salatgurke
2 EL gehackte Minze

- Den Kürbis halbieren, die Kerne und Fasern mit einem Löffel entfernen, dann den Kürbis in kleine Würfel schneiden.
- Die Zwiebeln und 1 Knoblauchzehe schälen, fein hacken und in einem Topf in 2 – 3 EL Öl etwa 3 Minuten anschwitzen.
- Die Kartoffel schälen und würfeln. Den Kürbis, die Kartoffel, die Gewürze sowie etwa 1 TL Salz zu den Zwiebeln in den Topf geben. 5 – 10 Minuten bei geschlossenem Deckel andünsten.
- Das Gemüse mit dem Wasser ablöschen und etwa 20 Minuten gar kochen. Die Suppe mit dem Pürierstab gut mixen. Die zweite Knoblauchzehe schälen, fein hacken und dazugeben. Mit Salz und Pfeffer abschmecken.
- Die Salatgurke in kleine Würfel schneiden und zusammen mit der grob gehackten frischen Minze beim Anrichten über die Suppe streuen.

Kürbissuppe mit Kokosmilch

für 4 Personen

1 mittelgroßer Hokkaidokürbis
1 Zwiebel
2 EL natives Sonnenblumenöl
1 Karotte
1 Kartoffel
½ TL Currypulver
1 ½ l Wasser
frisch gemahlener Pfeffer
Meersalz
1 frische Chilischote
1 rote Paprikaschote
200 ml Kokosmilch
1 Stück frischer Ingwer (etwa 4 cm)
1 Knoblauchzehe
2 EL gehackte Korianderblätter oder glatte Petersilie

- Den Kürbis halbieren, Kerne und Fäden mit einem Löffel entfernen. Den Kürbis in etwa 2 cm große Würfel schneiden.
- Die Zwiebel schälen, fein hacken und in dem Sonnenblumenöl in einem Topf etwa 2 Minuten anschwitzen.
- Die Karotte putzen, die Kartoffel schälen und jeweils in kleine Würfel schneiden. Kürbis-, Kartoffel- und Karottenwürfel sowie das Currypulver zu den Zwiebeln geben und etwa 5 Minuten anschwitzen. Dann mit dem Wasser ablöschen.
- Etwas Pfeffer, etwa 1 TL Salz und die klein gehackte und entkernte Chilischote dazugeben. Die Suppe insgesamt etwa 10 Minuten köcheln lassen.
- Die Paprikaschote in kleine Würfel schneiden, dabei die Kerne und Stielansätze entfernen. Paprikawürfel und die Kokosmilch dazugeben und noch etwa 5 Minuten weiterköcheln lassen.
- Zum Schluss den geschälten und fein gehackten Ingwer und Knoblauch in die Suppe geben. Für 2 – 3 Minuten ziehen lassen. Mit Salz und Pfeffer abschmecken.
- Beim Anrichten die gehackten Koriander- oder Petersilienblätter darüberstreuen.

Ägyptische Rote-Linsen-Suppe

für 2 – 4 Personen

1 Zwiebel
1 Knoblauchzehe
1 Karotte
8 EL natives Olivenöl
250 g rote Linsen
frisch gemahlener Pfeffer
etwas frisch geriebene Muskatnuss
1 Messerspitze Currypulver
3 Messerspitzen edelsüßes Paprikapulver
Meersalz
4 Tomaten
1 l Wasser
3 – 4 Stängel glatte Petersilie

- Die Zwiebel sowie den Knoblauch schälen und fein hacken. Die Karotte putzen, in feine Würfel schneiden und mit der Zwiebel sowie dem Knoblauch in 3 EL Öl in einem Topf etwa 5 Minuten anschwitzen.
- Die roten Linsen, die Gewürze und etwa 1 TL Salz dazugeben, etwa 1 Minute mit andünsten. Dann die Tomaten in Würfel schneiden, dabei die Stielansätze entfernen. Die Tomatenwürfel zu den Linsen in den Topf geben. Die Linsen mit dem Wasser ablöschen und die Suppe bei geschlossenem Deckel etwa 25 Minuten köcheln lassen.
- Das restliche Öl hinzufügen und die Suppe mit dem Pürierstab fein mixen. Mit Salz und Pfeffer abschmecken.
- Zum Anrichten die Suppe in vorgewärmte Suppenteller geben und mit abgezupften Petersilienblättern bestreuen.

***Tipp:** Orientalisch schmeckt die Suppe mit jeweils ½ TL gemahlenem Kreuzkümmel und Kurkumapulver sowie 1 EL Kokosmilch. Doch auch eine kräuterreiche Variante mit je 2 EL fein gehackter Petersilie und Schnittlauchröllchen am Schluss beigefügt, schmeckt sehr gut und wunderbar frisch. Oder mit Zitronen- oder Orangenschale oder Kapern oder …*

Karotten-Orangen-Suppe

für 4 Personen

500 g Karotten
1 kleine Zwiebel
3 EL natives Sonnenblumenöl
3 – 4 EL frische Thymianblättchen (oder ½ TL getrockneter Thymian)
1 Messerspitze Chilipulver
1 l Gemüsebrühe (Rezept siehe Seite 70)
125 ml frisch gepresster Orangensaft
4 EL Mandeldrink
frisch gemahlener Pfeffer
1 Prise frisch geriebene Muskatnuss
Meersalz

- Die Karotten putzen, nach Belieben schälen und in dünne Scheiben schneiden. Die Zwiebel schälen, dann fein hacken und mit dem Öl in einem Topf 3 – 5 Minuten anschwitzen.
- Den Thymian sowie das Chilipulver dazugeben und die Karotten mit der Gemüsebrühe ablöschen. Die Suppe für etwa 10 Minuten köcheln lassen.
- Den Orangensaft sowie den Mandeldrink dazugeben und noch weitere 5 Minuten bei niedriger Temperatur köcheln lassen.
- Die Suppe mit dem Pürierstab fein mixen. Mit Pfeffer, geriebener Muskatnuss und Salz kräftig abschmecken.

Tipp: *Wer einen noch intensiveren Orangengeschmack mag, kann zusätzlich 1 TL abgeriebene Orangenschale dazugeben.*

Französische Zwiebelsuppe

für 4 Personen

600 g rote Zwiebeln
6 EL Olivenöl
3 Tomaten
1200 ml Wasser
100 ml trockener Weißwein oder mehr Wasser
Meersalz
frisch gemahlener schwarzer Pfeffer
1 Prise Currypulver
1 Lorbeerblatt
½ TL getrockneter Oregano
½ TL getrockneter Rosmarin
½ TL getrocknetes Basilikum
½ TL getrockneter Thymian
1 Stange Lauch

- Die Zwiebeln schälen und in feine Ringe schneiden. Die Zwiebelringe mit 2 EL Olivenöl in einem Topf etwa 5 Minuten anschwitzen.
- Danach die Tomaten in kleine Würfel schneiden, dabei die Stielansätze entfernen. Die Tomaten, das Wasser, den Wein, etwa 1 TL Salz, Pfeffer, Currypulver, das Lorbeerblatt und die zwischen den Fingern zerriebenen Kräuter dazugeben.
- Den Lauch putzen, dabei den Strunk abschneiden und die Stange halbieren. Die Suppe mit dem Lauch etwa 20 Minuten köcheln lassen.
- Den Lauch und das Lorbeerblatt aus der Suppe nehmen. Das restliche Öl dazugeben und die Suppe mit Salz und Pfeffer abschmecken.

Tipp: *Zwar ist es sicherlich gesünder, die Suppe frisch zubereitet zu essen, doch wenn sie gut gekühlt über Nacht zieht, schmeckt sie noch besser. Dazu den Lauch erst vor dem Servieren aus der Brühe nehmen.*

Pikante Karotten-Lauch-Suppe

für 2 Personen

1 Zwiebel
2 EL natives Sonnenblumenöl
250 g Karotten
2 Stangen Lauch
1 Knoblauchzehe
etwa 1 l Wasser
1 Stück frischer Ingwer (etwa 1 cm)
frisch gemahlener Pfeffer
Meersalz
2 EL natives Sesamöl

- Die Zwiebel schälen, fein hacken und in einem Topf 5 Minuten in dem Sonnenblumenöl anschwitzen.
- Die Karotten und den Lauch putzen und in dünne Scheiben schneiden – beim Lauch nur den hellen Teil verwenden. Die Gemüsescheiben in den Topf geben und etwa 5 Minuten mit andünsten.
- Den Knoblauch und den Ingwer schälen und fein hacken. Das Wasser, etwas Pfeffer und Salz, den Knoblauch und den Ingwer zugeben. Alles zusammen etwa 15 Minuten köcheln lassen.
- Den Topf von der Herdplatte nehmen, das Sesamöl unter die Suppe rühren und alles mit dem Mixstab fein pürieren. Mit Salz und Pfeffer kräftig abschmecken.

Rote-Bete-Kokos-Suppe

für etwa 2 Personen

2 Rote Beten
1 kleine Kartoffel
1 Zwiebel
2 EL Sonnenblumenöl
frisch gemahlener Pfeffer
1 Prise Currypulver
Meersalz
¼ l Wasser
200 ml Kokosmilch
1 TL gehackter Dill

- Die Roten Beten putzen, dabei die Wurzelteile entfernen und die Knollen schälen. Anschließend die Kartoffel schälen und mit der Roten Beten in kleinere Würfel schneiden.
- Die Zwiebel schälen, fein hacken und in einem Topf in dem Öl 2 – 3 Minuten anschwitzen.
- Die Rote-Bete-Würfel und die Kartoffelwürfel dazugeben und 2 – 3 Minuten mit anschwitzen. Die Gewürze und etwa 1 TL Salz dazugeben und das Gemüse mit dem Wasser ablöschen. Bei geschlossenem Deckel 20 – 25 Minuten gut weich kochen.
- Die Suppe mit dem Mixstab fein pürieren. Die Kokosmilch dazugeben und nochmals kurz mixen. Mit Salz und Pfeffer abschmecken und beim Anrichten mit etwas fein gehacktem Dill bestreuen.

Tipp: *Die schöne Farbe der Suppe kommt in weißen Tassen oder Suppentellern besonders gut zur Geltung.*

Pasta-Gerichte

Pappardelle mit Erbsen und grünem Spargel

für 2 Personen

400 g grüner Spargel
Meersalz
1 Prise Currypulver
1 kleine Zwiebel
etwa 150 ml natives Olivenöl
1 EL Kartoffelstärke
frisch gemahlener Pfeffer
200 – 250 g Reis-Pappardelle
1 Bund Basilikum oder glatte Petersilie
frisch geriebene Muskatnuss

- Die Enden der Spargelstangen abschneiden und bei Bedarf das untere Drittel schälen. (Nagelprobe: Mit dem Fingernagel muss sich die Stange leicht eindrücken lassen, ansonsten so lange schälen, bis dies der Fall ist.)
- Den Spargel in einem großen Topf mit ausreichend Wasser (die Spargelstangen sollten bedeckt sein) sowie 1 Prise Salz und Currypulver für etwa 10 Minuten garen. Anschließend den Spargel herausnehmen und mit kaltem Wasser übergießen – so bleibt die frische Farbe erhalten. (Dabei etwas vom Spargelkochwasser zurückbehalten.) Die Stangen in etwa 2 cm lange Stücke schneiden.
- Die geschälte und klein gehackte Zwiebel in einer großen Pfanne mit 4 EL Olivenöl etwa 5 Minuten anschwitzen. Dann weitere 100 ml Öl und die Kartoffelstärke dazugeben und mit den Zwiebeln vermischen.
- Die angeschwitzten Zwiebeln mit 1 Schöpfkelle Spargelkochwasser ablöschen, gut verrühren und kurz aufkochen lassen. Mit Salz und Pfeffer würzen.
- Die Spargelstücke dazugeben, von der Herdplatte nehmen und für etwa 5 Minuten ziehen lassen.
- Währenddessen die Pappardelle mit reichlich Salzwasser bissfest garen. Die Nudeln abgießen und sofort in die Pfanne zu den Spargeln geben.
- Die grob gezupften Basilikumblättchen darübergeben und alles gut miteinander vermischen. Mit Salz, Pfeffer sowie einem Hauch frisch geriebener Muskatnuss abschmecken.

Penne mit Zwiebelsauce

für 2 Personen

400 g Zwiebeln
100 ml natives Olivenöl
Meersalz
frisch gemahlener Pfeffer
½ TL Thymian
1 Prise frisch geriebene Muskatnuss
1 Prise Currypulver
50 – 100 ml Wasser
200 – 250 g glutenfreie Penne
1 Bund Schnittlauch

- Die Zwiebeln schälen und in schmale Ringe schneiden. Die Zwiebelringe in einer großen Pfanne mit etwa 4 EL Olivenöl 5 – 10 Minuten anschwitzen, bis die Zwiebeln eine goldgelbe Farbe bekommen.
- Etwas Salz, Pfeffer, Thymian, geriebene Muskatnuss und Currypulver zu den Zwiebelringen geben. Die Zwiebeln mit 1 kleinen Tasse Wasser ablöschen und weitere 10 Minuten bei geschlossenem Deckel gar köcheln lassen.
- Das restliche Olivenöl hinzufügen, alles vermischen und die Zwiebelmasse mit dem Mixstab durchpürieren.
- Währenddessen die Penne in reichlich Wasser bissfest garen (meist 1 Minute weniger als auf der Packung angegeben). Die Penne abgießen und direkt in die Pfanne mit der Zwiebelsauce geben. Mit etwa ½ TL Salz nachwürzen und gut vermischen.
- Mit Salz und Pfeffer abschmecken. Den Schnittlauch in feine Ringe schneiden und beim Anrichten über der Pasta verteilen.

Spaghetti mit Olivensugo

für 2 Personen

1 kleine Zwiebel
1 Knoblauchzehe
50 ml natives Olivenöl
1 gelbe Paprikaschote
3 Tomaten
Meersalz
frisch gemahlener Pfeffer
1 Prise Currypulver
1 Messerspitze edelsüßes Paprikapulver
1 Messerspitze Cayennepfeffer
100 g entsteinte schwarze Oliven
200 – 250 g Reis-Spaghetti
1 Bund Basilikum oder glatte Petersilie

- Die Zwiebel schälen und fein hacken, die Knoblauchzehe schälen und halbieren. In einer großen Pfanne 2 – 3 EL Olivenöl erhitzen, die klein gehackte Zwiebel und die halbe Knoblauchzehe etwa 2 Minuten anschwitzen.
- Die Paprika entkernen und den Stielansatz entfernen, in Streifen schneiden und zur Zwiebel geben. Kurz umrühren und mitdünsten. Die Tomaten in kleine Würfel schneiden (Stielansätze dabei entfernen) und in die Pfanne geben. (Wer mag enthäutet und entkernt die Tomaten vorher.) Etwas Salz sowie die weiteren Gewürze dazugeben und den Sugo etwa 5 Minuten köcheln lassen.
- Die halbierten Oliven, das restliche Olivenöl und die fein gehackte zweite Knoblauchhälfte dazugeben. Alles gut miteinander vermischen.
- Währenddessen die Spaghetti in reichlich Wasser bissfest garen. Spaghetti abgießen und in die Pfanne zum Sugo geben. Mit ½ TL Salz würzen und alle Zutaten gut vermischen. Danach mit Salz und Pfeffer abschmecken.
- Die Basilikumblättchen klein zupfen oder die Petersilie grob zerkleinern. Die Hälfte der Kräuter mit der Pasta vermischen. Den Rest beim Anrichten darüberstreuen.

Rigatoni mit Blumenkohl

für 2 Personen

1 kleine Zwiebel
5 EL natives Olivenöl
5 Tomaten
1 kleiner Blumenkohl
Meersalz
frisch gemahlener Pfeffer
1 Prise Currypulver
½ TL Rosmarin (frisch oder getrocknet)
4 Salbeiblätter
1 gegarte mehligkochende Kartoffel
200 – 250 g glutenfreie Rigatoni
1 Knoblauchzehe
1 rote Peperoni
½ Bund glatte Petersilie

- Die geschälte und klein gewürfelte Zwiebel in einer großen Pfanne mit 2 EL Olivenöl 2 – 3 Minuten anschwitzen.
- Die Tomaten in kleine Würfel schneiden, dabei die Stielansätze entfernen. Den Blumenkohl in kleine Röschen zerteilen und zu den Zwiebeln in die Pfanne geben. Nach etwa 5 Minuten Tomaten, Salz, Gewürze und Kräuter dazugeben. Die weich gekochte Kartoffel schälen, mit der Gabel zerdrücken und dazugeben. Bei geschlossenem Deckel alles gar köcheln (etwa 10 Minuten). Dabei immer wieder gut umrühren und dabei die Kartoffel verteilen. Sie bindet die Sauce.
- Inzwischen die Rigatoni in reichlich Wasser bissfest garen (meist 1 Minute weniger als auf der Packung angegeben). Das Wasser abgießen und die Rigatoni direkt in die Pfanne zum Gemüse geben. Mit etwa ½ TL Salz würzen.
- Den Knoblauch schälen, fein hacken und zusammen mit dem restlichen Olivenöl hinzufügen. Alle Zutaten gut miteinander vermischen.
- Die Peperoni halbieren, entkernen und in feine Ringe schneiden. Die Petersilie grob zerteilen und zusammen mit den Peperoniringen beim Anrichten über die Pasta streuen.

Tagliatelle mit Kichererbsen alla Napoletana

für 4 Personen

200 g getrocknete Kichererbsen
2 Lorbeerblätter
1 Zwiebel
1 Knoblauchzehe
1 Karotte
5 EL natives Olivenöl
2 Tomaten
frisch gemahlener Pfeffer
1 Prise Currypulver
Meersalz
1 Bund glatte Petersilie
200 – 300 g glutenfreie Tagliatelle
1 Bund Basilikum

- Die Kichererbsen über Nacht in mindestens der doppelten Menge Wasser einweichen. Am nächsten Tag abgießen und leicht abspülen. In einem Topf mit ausreichend Wasser (die Kichererbsen sollten sehr gut mit Wasser bedeckt sein) und 1 Lorbeerblatt etwa 1 Stunde garen.
- Die Zwiebel schälen und fein würfeln. Den Knoblauch schälen und fein hacken. Die Karotte putzen, ebenfalls fein würfeln und zusammen mit Zwiebel und Knoblauch in einem Topf etwa 5 Minuten in 2 EL Olivenöl anschwitzen.
- Die Tomaten in kleine Würfel schneiden, dabei die Stielansätze herausschneiden. Die Tomaten zusammen mit den Kichererbsen, Gewürzen, dem zweiten Lorbeerblatt, Salz sowie der klein geschnittenen Petersilie in den Topf dazugeben und etwa 10 Minuten köcheln.
- Die Hälfte der Kichererbsen-Gemüse-Mischung aus dem Topf nehmen. Den Rest im Topf mit dem Mixstab grob pürieren. Dann die nicht pürierte zweite Hälfte der Mischung wieder dazugeben
- Die Tagliatelle in reichlich Wasser bissfest garen, abgießen und in den Topf geben. Mit etwa ½ TL Salz würzen und alle Zutaten gut vermischen. Nochmals mit Salz und Pfeffer abschmecken.
- Zum Anrichten das restliche Öl darüberträufeln, die Basilikumblätter klein zupfen und darüber verteilen.

Tagliatelle mit Artischockenherzen in Mandelsauce

für 2 Personen

100 g Mandeln
1 kleine Zwiebel
4 EL natives Olivenöl
1 Knoblauchzehe
1 Karotte
200 ml Wasser
Meersalz
frisch gemahlener Pfeffer
Saft von 1 Zitrone
6 eingelegte Artischockenherzen
2 kleine Essiggurken
2 EL Kapern
200 – 250 g glutenfreie Tagliatelle

- Zuerst die Mandeln in einer Schüssel mit kochendem Wasser übergießen und 5 – 10 Minuten darin liegen lassen. Danach abgießen, kurz mit kaltem Wasser abschwenken und die Mandelhäute abziehen.
- Die geschälte und klein gewürfelte Zwiebel in etwa 2 EL Olivenöl in einem Topf glasig andünsten. Den geschälten und klein gehackten Knoblauch, die ebenfalls klein gehackten Mandeln und die der Länge nach geviertelte Karotte dazugeben. Danach mit dem Wasser ablöschen. Etwas Salz und Pfeffer hinzufügen und die Sauce etwa 15 Minuten köcheln lassen.

- Den Topf von der Herdplatte nehmen, die Karottenviertel herausnehmen, das restliche Öl und den Zitronensaft dazugeben. Die Mandelsauce mit dem Pürierstab gut mixen, bis sie schön cremig geworden ist.
- Die Artischockenherzen abtropfen lassen, der Länge nach vierteln, klein schneiden und mit den fein gehackten Essiggurken sowie den ausgedrückten Kapern in die Sauce geben. Alles gut miteinander vermischen.
- Inzwischen die Tagliatelle in reichlich Wasser bissfest garen (meist 1 Minute weniger als auf der Packung angegeben). Das Wasser abgießen und die Tagliatelle direkt in dem Topf mit der Sauce vermischen. Mit Salz und Pfeffer abschmecken.
- Zum Anrichten die Karottenviertel ganz fein hacken und auf den Tellern mit der angerichteten Pasta gleichmäßig verteilen.

Pappardelle mit Champignons und grünen Bohnen

für 2 Personen

100 g Pinienkerne
40 g getrocknete Tomaten
250 g grüne Bohnen
1 Zwiebel
2 EL natives Olivenöl
100 ml Wasser
frisch gemahlener Pfeffer
1 Prise Currypulver
1 Messerspitze frisch geriebene Muskatnuss
Meersalz
250 g Champignons
125 ml Weißwein oder Wasser
1 EL Hirsemehl
200 – 250 g Reis-Pappardelle
1 Knoblauchzehe
½ Bund Basilikum

- Die Pinienkerne in einer Pfanne ohne Fett etwa 5 Minuten goldbraun anrösten. Die getrockneten Tomaten etwa 30 Minuten in etwas Wasser einweichen, danach abgießen und fein würfeln.
- Die grünen Bohnen abgipfeln (die Enden entfernen) und in etwa 3 cm lange Stücke schneiden. Die Zwiebel schälen, fein würfeln und mit den Bohnen in einer großen Pfanne in dem Öl etwa 2 Minuten anschwitzen. Anschließend mit dem Wasser ablöschen. Die Gewürze sowie etwas Salz dazugeben und das Gemüse bei mittlerer Hitze mit geschlossenem Deckel für 10 Minuten köcheln lassen.
- Den Deckel von der Pfanne nehmen und die in dünne Scheiben geschnittenen Champignons 3 – 5 Minuten mitziehen lassen.
- Den Wein oder das Wasser in einer kleinen Schüssel oder Tasse mit dem Hirsemehl gut verrühren und mit dem Pfanneninhalt vermischen. Kurz aufkochen lassen.

- Danach die Pfanne von der Herdplatte nehmen, die Pinienkerne und gewürfelten Tomaten dazugeben.
- Währenddessen die Pappardelle in reichlich Wasser bissfest garen. Das Wasser abgießen und die Nudeln in die Pfanne dazugeben. Mit etwa ½ TL Salz würzen, die geschälte und klein gehackte Knoblauchzehe dazugeben und alle Zutaten gut vermischen. Mit Salz und Pfeffer abschmecken.
- Die Basilikumblätter klein zupfen und vor dem Anrichten über der Pasta verteilen.

Linsenfusilli mit Auberginen-Tomaten-Sauce

für 2 Personen

1 große Aubergine
1 Zwiebel
150 ml natives Olivenöl
5 Tomaten
2 Knoblauchzehen
frisch gemahlener Pfeffer
1 Prise Currypulver
½ TL frischer Rosmarin
Meersalz
2 EL Kapern
200 – 250 g Linsenfusilli

- Die Aubergine in 1 – 2 cm große Würfel schneiden, den Stielansatz dabei entfernen.
- Die geschälte und klein gehackte Zwiebel und die Auberginenwürfel in einer großen Pfanne in dem Olivenöl etwa 10 Minuten goldgelb anbraten.
- Die Tomaten in kleine Würfel schneiden, dabei die Stielansätze entfernen. Tomatenwürfel, den geschälten und fein gehackten Knoblauch, die Gewürze, Rosmarin und Salz zu der Aubergine in die Pfanne geben. Alles gut vermischen und noch weitere 5 Minuten köcheln lassen.
- Die Kapern etwas abspülen, leicht ausdrücken und hinzufügen. Die Sauce mit Salz und Pfeffer abschmecken.
- Währenddessen die Fusilli in reichlich Wasser bissfest garen, abgießen und zu der Sauce geben. Die Pasta mit etwa ½ TL Salz würzen und gut vermischen. Nochmals mit Salz und Pfeffer abschmecken.

Pfefferspaghetti mit Tomaten und Petersilie

für 2 Personen

1 Zwiebel
5 EL natives Sonnenblumenöl
1 Bund glatte Petersilie
3 Tomaten
1 – 2 EL bunte Pfefferkörner (rot, weiß, schwarz, nach Geschmack und »Schärferesistenz«)
½ TL Szechuanpfeffer (oder ½ Chilischote und 1 Messerspitze Kurkumapulver)
1 Messerspitze gemahlener Koriander
1 Prise Currypulver
Meersalz
200 – 250 g Reis-Spaghetti
1 Knoblauchzehe

- Die Zwiebel schälen, klein würfeln und in einer großen Pfanne mit dem Öl anschwitzen.
- Die Petersilienblätter abzupfen und beiseite legen. Die Stängel der Petersilie klein schneiden, zu der Zwiebel geben und 5 Minuten andünsten.
- Die Tomaten grob würfeln, dabei die Stielansätze entfernen (nach Belieben die Tomaten auch schälen und entkernen). Den Pfeffer in einem Mörser grob zerkleinern, zusammen mit den anderen Gewürzen, ½ TL Salz und den Tomatenwürfeln in die Pfanne geben. Danach alles zusammen für etwa 5 Minuten bei geschlossenem Deckel leicht köcheln lassen.
- Währenddessen die Spaghetti in reichlich Wasser bissfest garen, abgießen und in die Pfanne dazugeben. Auch die grob zerkleinerten Petersilienblättchen sowie den geschälten und fein gehackten Knoblauch hinzufügen. Mit etwa ½ TL Salz würzen und alle Zutaten gut vermischen. Die Pfefferspaghetti mit Salz abschmecken.

Spaghetti mit Kürbiskernpesto

für 2 Personen

150 g Kürbiskerne
1 frische Chilischote
frisch gemahlener Pfeffer
Meersalz
1 Knoblauchzehe
150 ml natives Kürbiskernöl
200 – 250 g glutenfreie Spaghetti

- Die Kürbiskerne 2 – 3 Minuten in einer Pfanne ohne Fett anrösten.
- Die Chilischote halbieren, die Kerne entfernen und zusammen mit den Kürbiskernen, Pfeffer, ½ TL Salz, der geschälten Knoblauchzehe sowie dem Öl in ein hohes Gefäß geben und mit dem Mixstab gut pürieren.
- Sollte die Masse zu zähflüssig sein, einfach noch etwas Wasser zugeben. Das Pesto mit Salz und Pfeffer abschmecken.
- Die Spaghetti in reichlich Wasser bissfest garen, abgießen und in einer Pfanne mit leicht erhitzten 3 – 4 EL Pesto vermischen. Mit Salz und Pfeffer abschmecken.

Spaghetti mit Petersilienpesto

für 2 Personen

100 g Cashewnüsse
1 mittelgroßer Zucchino
1 frische Chilischote
1 Bund frische Petersilie
frisch gemahlener Pfeffer
1 Messerspitze Currypulver
½ TL gemahlener Kreuzkümmel
1 – 2 Messerspitzen gemahlene Gewürznelken
Meersalz
1 Knoblauchzehe
150 ml natives Olivenöl
200 – 250 g Reis-Spaghetti

- Die Cashewnüsse 2 – 3 Minuten in einer Pfanne ohne Fett goldgelb anrösten.
- Den Zucchino in kleine Würfel schneiden. Die Chilischote halbieren, die Kerne entfernen und zusammen mit den Cashewnüssen, den Zucchiniwürfeln, der gehackten Petersilie, den Gewürzen, ½ TL Salz sowie der geschälten Knoblauchzehe und dem Öl in ein hohes Gefäß geben und mit dem Mixstab gut pürieren.
- Sollte die Masse zu zähflüssig sein, einfach noch etwas Wasser zugeben. Nochmals mit Salz und Pfeffer abschmecken.
- Die Spaghetti in reichlich Wasser bissfest garen, abgießen und in einer großen Pfanne mit leicht erhitzten 3 – 4 EL Pesto vermischen. Mit Salz und Pfeffer abschmecken.

Tipp: *Im kleinen Glas mit Schraubverschluss, das zur Menge passen sollte, kann das restliche Pesto 2 – 3 Wochen aufbewahrt werden. Damit es nicht mit Luft in Berührung kommt, sollte es mit Öl übergossen werden.*

Spaghetti mit Pesto rosso

für 2 Personen

für das Pesto rosso:
150 g getrocknete Tomaten
1 Knoblauchzehe
1 frische Chilischote
2 EL Pinienkerne
½ TL getrocknetes Basilikum
frisch gemahlener Pfeffer
½ TL edelsüßes Paprikapulver
1 Messerspitze Currypulver
Meersalz
150 ml natives Olivenöl
100 g schwarze Oliven

200 – 300 g Reis-Spaghetti
1 Bund Basilikum

- Die getrockneten Tomaten in einer kleinen Schüssel mit etwas Wasser für etwa 30 Minuten einweichen. Danach herausnehmen, abtropfen lassen und klein schneiden.
- Den Knoblauch schälen. Die Chilischote halbieren und entkernen.
- Die Pinienkerne in einer beschichteten Pfanne ohne Fett etwa 3 Minuten goldgelb anrösten.
- Die Tomaten, den Knoblauch, die Chilischote, die Pinienkerne sowie das Basilikum, die Gewürze und etwa 2 Prisen Salz in ein hohes Gefäß geben. Nach und nach das Olivenöl dazugeben und mit einem Pürierstab fein mixen. Nach Bedarf noch etwas Wasser dazugeben.
- Die Oliven entsteinen, klein hacken und unter das Pesto mischen. Mit Salz und Pfeffer abschmecken.
- Die Spaghetti in reichlich Wasser bissfest garen, abgießen und in einer leicht erhitzten Pfanne mit 3 – 4 EL Pesto vermischen. Mit Salz und Pfeffer abschmecken. Die Basilikumblätter klein zupfen und darüber verteilen.

Tipp: *Das Pesto schmeckt nicht nur zu Nudeln, sondern auch zu Pellkartoffeln: Dazu 4 – 5 Pellkartoffeln kochen, schälen, in Scheiben schneiden und einen vorgewärmten Teller damit belegen. Das Pesto darüberträufeln.*

Tagliatelle mit frischen Artischocken

für 2 Personen

4 kleine Artischocken
1 Zitrone
1 kleine Zwiebel
8 EL natives Olivenöl
Meersalz
frisch gemahlener Pfeffer
1 Prise Currypulver
150 ml trockener Weißwein oder Wasser
200 – 250 g glutenfreie Tagliatelle
1 Bund glatte Petersilie
1 Knoblauchzehe

- Die harten äußeren Blätter der Artischocken entfernen und die stacheligen Blattspitzen 2 – 3 cm abschneiden. Stiele entfernen und das »Heu« im Inneren jeweils mit einemTeelöffel herauslösen.
- Die Zitrone auspressen und die Artischocken innen und außen mit dem Zitronensaft beträufeln, damit sie ihre Farbe behalten.
- Die Zwiebel schälen, fein würfeln und in einer großen Pfanne in 2 – 3 EL Olivenöl etwa 5 Minuten anschwitzen.
- Die Artischocken achteln, klein schneiden und in der Pfanne etwa 5 Minuten mit andünsten. Mit 1 Prise Salz und etwas Pfeffer würzen, danach mit dem Weißwein (oder Wasser) ablöschen und die Artischocken bei milder Hitze mit geschlossenem Deckel etwa 15 Minuten köcheln lassen. Falls die Brühe verdampfen sollte, etwas Wasser nachgießen, sodass der Boden der Pfanne gut mit Flüssigkeit bedeckt bleibt.
- Das restliche Öl dazugeben und die Artischockensauce mit Salz und Pfeffer abschmecken.
- Inzwischen die Tagliatelle in reichlich Wasser bissfest garen, das Wasser abgießen und die Nudeln in der Pfanne mit den Artischocken vermischen. Etwa 1 TL Salz, die grob geschnittene Petersilie und den geschälten und fein gehackten Knoblauch dazugeben. Alles gut miteinander vermischen und nochmals mit Pfeffer und Salz abschmecken.

Tipp: *Wenn die Sauce ohne Wein zubereitet wird, vor dem Vermischen mit der Pasta noch den Saft von 1 Zitrone dazugeben und gut vermischen.*

Gnocchi mit Salbei

für 4 Personen

1 kg Kartoffeln
Meersalz
100 g Hirsemehl
2 TL vollfettes Sojamehl
etwas Hirsemehl für die Arbeitsfläche
5 EL natives Olivenöl
1 Bund frischer Salbei
1 Knoblauchzehe
frisch gemahlener Pfeffer

- Die Kartoffeln in einem Topf mit Wasser aufsetzen und mit der Schale 15 – 25 Minuten (je nach Größe) gar kochen. Die Kartoffeln abgießen, mit kaltem Wasser abschrecken und noch im warmen Zustand schälen. Durch die Kartoffelpresse drücken oder mit dem Kartoffelstampfer zerdrücken. Abkühlen lassen und dann mit 2 glatt gestrichenen TL Salz, Hirse- und Sojamehl vermischen. Anschließend den Teig etwa 30 Minuten ruhen lassen.
- Den Teig auf einer bemehlten Arbeitsfläche zu 2 cm dicken Rollen formen und diese in etwa 2 cm breite Scheiben schneiden. (Wenn man Zeit und Sinn für die Ästhetik der Pasta-Tradition hat, drückt man mit einer Gabel noch leicht ein Muster in die Klößchen ein.)
- Die Gnocchi (Klößchen) portionsweise in einem großen Topf mit sprudelndem Salzwasser (etwa ½ TL Salz pro Liter) garen, bis sie an die Oberfläche steigen. Dann noch etwa 1 Minute ziehen lassen, mit einem Schaumlöffel herausnehmen, vorsichtig mit kaltem Wasser abspülen und auf eine vorgewärmte Platte geben. Die Gnocchi abdecken und warm halten, bis alle Gnocchi fertig gegart sind.

- Das Olivenöl in einer großen Pfanne erhitzen und die Gnocchi dazugeben. Eventuell mit zwei Pfannen oder portionsweise arbeiten, die Gnocchi sollen nicht übereinanderliegen.
- Die in kleine Streifen geschnittenen Salbeiblätter und den geschälten und klein gehackten Knoblauch dazugeben und die Gnocchi 2 – 3 Minuten goldbraun anbraten. Mit Salz und Pfeffer abschmecken. Auf vorgewärmten Tellern servieren.

Tipps: *Am besten zuerst ein Probeklößchen kochen, bevor der restliche Teig weiterarbeitet wird. Sollte das Probeklößchen zu weich sein, einfach noch mehr Mehl unter den Teig kneten.*
Natürlich sind viele andere Varianten vorstellbar – z. B. mit einer Tomatensauce oder mit Knoblauch und Chili oder mit frischem Rosmarin oder Basilikum oder mit 1 – 2 EL gerösteten Pinienkernen oder mit Pesto oder oder oder ... und natürlich mit einem frischen Salat!

Risotto

Risotto mit Zucchini

für 4 Personen

2 mittelgroße Zucchini
2 Knoblauchzehen
100 ml natives Olivenöl
Meersalz
frisch gemahlener Pfeffer
1 Zwiebel
350 g Risotto-Reis
1 TL getrockneter Oregano
¼ TL Safranpulver oder Kurkumapulver
1 l Gemüsebrühe (siehe Grundrezept Seite 70)
1 Bund glatte Petersilie

- Die Zucchini der Länge nach halbieren und in feine Scheiben schneiden, dabei die Stielansätze entfernen. Die Zucchinischeiben mit 1 geschälten und klein gehackten Knoblauchzehe in einer beschichteten Pfanne mit 2 – 3 EL Olivenöl andünsten. Mit Salz und Pfeffer würzen.
- Die Zwiebel und die zweite Knoblauchzehe schälen, ganz fein hacken und in einem Topf mit etwas Olivenöl glasig dünsten. Dann den Reis dazugeben und für 2 – 3 Minuten mit anschwitzen. Anschließend den Oregano und das Safranpulver dazugeben und mit 1 Schöpfkelle Brühe ablöschen. Dabei so lange gleichmäßig rühren, bis der Reis die Brühe aufgesogen hat. So fortfahren, bis der Reis die komplette Brühe aufgenommen hat. Dies dauert etwa 20 Minuten.
- Das restliche Olivenöl und die Zucchini zum Risotto hinzufügen. Sollte das Risotto zu fest geworden sein, einfach niemandem sagen und noch 3 – 4 EL Wasser dazugeben. Mit Salz und Pfeffer abschmecken und die grob geschnittene Petersilie vorsichtig mit dem Risotto verrühren.

Pilzrisotto

für 4 Personen

für die Gemüsebrühe (Grundrezept):
1 Zwiebel
2 EL natives Olivenöl
2 mittelgroße bis große Karotten
1 Stange Lauch
1 l Wasser
frisch gemahlener Pfeffer
1 Messerspitze Currypulver
1 Messerspitze frisch geriebene Muskatnuss
1 TL Meersalz

für das Risotto:
200 g gemischte Pilze (z. B. Pfifferlinge, Champignons, Kräuterseitlinge)
100 ml natives Olivenöl
1 Zwiebel
2 Knoblauchzehen
350 g Risotto-Reis
1 TL frischer Rosmarin
125 ml trockener Weißwein (oder siehe Tipp Seite 72)
Meersalz
frisch gemahlener Pfeffer
1 Bund glatte Petersilie

- Für die Brühe die geschälte und klein gehackte Zwiebel in einem Topf in dem Olivenöl 5 Minuten anschwitzen. Die Karotten und den Lauch putzen. Das Gemüse halbieren, dazugeben und 5 Minuten weiter anschwitzen. Anschließend mit dem Wasser ablöschen, Gewürze sowie Salz dazugeben und die Brühe etwa 20 Minuten köcheln lassen.
- Den Topf für etwa 30 Minuten auf der ausgeschalteten Herdplatte stehen lassen. So kann die Brühe noch mehr Aroma gewinnen. Vor der Zubereitung des Risottos das Gemüse mit einem Schaumlöffel oder Sieb entfernen.
- Für das Risotto die Pilze putzen, gegebenenfalls mit einem Pinsel säubern und in dünne Scheiben schneiden. Die Pilze in einer beschichteten Pfanne mit etwas Olivenöl 3 – 5 Minuten andünsten und danach abkühlen lassen.

- Die Zwiebel und 1 Knoblauchzehe schälen, ganz fein hacken und in einem Topf in etwas Olivenöl glasig dünsten. Den Reis dazugeben und für 2 – 3 Minuten mit anschwitzen. Anschließend den Rosmarin dazugeben und mit 1 Schöpfkelle Brühe ablöschen. Dabei so lange anhaltend umrühren, bis der Reis die Brühe aufgesogen hat. (Es muss dabei nicht schnell gerührt werden.) Nach dieser Methode einfach fortfahren, bis der Reis die komplette Brühe aufgenommen hat. Dies dauert etwa 20 Minuten.
- Den Wein, das restliche Olivenöl, die zweite geschälte und fein gehackte Knoblauchzehe sowie die Pilze hinzufügen. Zum Schluss mit Salz und Pfeffer abschmecken. Die Petersilie grob zerkleinern und vorsichtig mit dem Risotto verrühren. Gleich servieren!

Tipps: *Die Brühe lässt sich schon gut am Vortag vorbereiten. Das gekochte Gemüse einfach über Nacht darin ziehen lassen. Die Brühe gewinnt dadurch noch mehr an Geschmack.*
Die Reiskörner sollten im Idealfall an den Rändern weich und im Inneren leicht körnig sein. Doch wo genau ist der Übergang zwischen Rändern und Innerem? Man sollte sich bewusst sein: Der Idealfall ist ein Ideal, dem man sich vor allem durch Übung und manchmal etwas Glück nähert. Und jeder Risotto-Koch sowie Genießer hat hierzu seine eigene Meinung. Also, nur Mut! Einfach ausprobieren!

Risotto mit Radicchio

für 4 Personen

1 Zwiebel
1 Knoblauchzehe
100 ml natives Olivenöl
350 g Risotto-Reis
1 mittelgroßer Radicchio
frisch gemahlener Pfeffer
Meersalz
125 ml Roséwein
1 l Gemüsebrühe (siehe Grundrezept Seite 70)
1 Bund Basilikum

- Die Zwiebel und die Knoblauchzehe schälen, ganz fein hacken und in einem Topf in etwas Olivenöl glasig dünsten. Den Reis dazugeben und für 2 – 3 Minuten mit anschwitzen.
- Den Radicchio in Streifen schneiden und zusammen mit den Gewürzen und dem Wein hinzufügen. Mit 1 Schöpfkelle Brühe ablöschen. So lange gleichmäßig umrühren, bis der Reis die Brühe aufgesogen hat. Nach dieser Methode etwa 20 Minuten weiter fortfahren, bis der Reis die komplette Brühe aufgenommen hat.
- Das restliche Olivenöl hinzufügen. Zum Schluss mit Salz und Pfeffer abschmecken.
- Zum Anrichten das Risotto gleichmäßig auf vier Teller verteilen und mit den klein gezupften Basilikumblättern bestreuen.

Tipp: *Wenn man keinen Wein verwenden möchte, nimmt man einfach entsprechend mehr Gemüsebrühe und gibt zum Schluss den Saft von ½ Zitrone dazu.*

Risotto mit Spinat

für 4 Personen

1 kg Spinat
1 Zwiebel
1 Knoblauchzehe
100 ml natives Olivenöl
350 g Risotto-Reis
frisch gemahlener Pfeffer
2 Messerspitzen frisch geriebene Muskatnuss
Meersalz
125 ml Roséwein
1 l Gemüsebrühe (siehe Grundrezept Seite 70)
½ Bund glatte Petersilie

- Den Spinat putzen und in einem großen Topf mit etwa einer kleinen Tasse Wasser gut 5 Minuten dämpfen, bis der Spinat etwas zusammenfällt. Dann den Spinat herausnehmen, gut abtropfen lassen und fein hacken.
- Die Zwiebel und Knoblauchzehe schälen, ganz fein hacken und in einem Topf in etwas Olivenöl glasig dünsten. Dann den Reis dazugeben und 2 – 3 Minuten mit anschwitzen. Anschließend die Gewürze hinzufügen. Mit dem Wein und anschließend mit einer Schöpfkelle Brühe ablöschen. (Für die alkoholfreie Variante einfach entsprechend mehr Brühe verwenden.) So lange gleichmäßig rühren, bis der Reis die Brühe aufgesogen hat. Nach dieser Methode fortfahren, bis die komplette Brühe vom Reis aufgenommen wurde.
- Vor der letzten Kelle Brühe den Spinat und das restliche Olivenöl hinzufügen und gut mit dem Reis vermischen.
- Das Risotto mit Salz und Pfeffer abschmecken. Zum Anrichten gleichmäßig auf vier Teller verteilen und mit der grob geschnittenen Petersilie bestreuen. Gleich servieren!

Risotto mit Fenchel und Zitrone

für 4 Personen

2 Knollen Fenchel
1 Zwiebel
1 Knoblauchzehe
100 ml natives Olivenöl
350 g Risotto-Reis
1 l Gemüsebrühe (siehe Grundrezept Seite 70)
1 unbehandelte Zitrone
frisch gemahlener Pfeffer
1 Messerspitze Currypulver
Meersalz
1 Bund glatte Petersilie
2 TL gehackte Minze

- Den Fenchel putzen, dabei alle harten äußeren Teile und den Strunk entfernen. Danach die Knollen in dünne Scheiben schneiden.
- Die Zwiebel und Knoblauchzehe schälen, ganz fein hacken und in einem Topf in etwas Olivenöl glasig dünsten. Den Fenchel hinzufügen und etwa 2 Minuten mit andünsten. Den Reis etwa 1 Minute mit anschwitzen und mit einer Suppenkelle Gemüsebrühe ablöschen.
- Die Schale der Zitrone abreiben und die Hälften auspressen. Die Gewürze, etwas Salz sowie die abgeriebene Zitronenschale mit in den Topf geben und den Reis mit 1 Schöpfkelle Brühe ablöschen. Dabei so lange gleichmäßig rühren, bis die Brühe komplett aufgesogen ist. Nach und nach etwas Brühe dazugeben und so weiter verfahren, bis der Reis die komplette Brühe aufgenommen hat.
- Das restliche Olivenöl, den Zitronensaft und die grob geschnittene Petersilie hinzufügen. Alles gut vermischen und mit Salz und Pfeffer abschmecken.
- Zum Anrichten das Risotto gleichmäßig auf vier Teller verteilen und mit der gehackten Minze bestreuen. Und gleich servieren!

Risotto mit frischen Erbsen

für 4 Personen

1 kg frische Erbsen
1 Zwiebel
1 Knoblauchzehe
100 ml natives Olivenöl
1 frische Chilischote
5 Tomaten
350 g Risotto-Reis
frisch gemahlener Pfeffer
1 Messerspitze Currypulver
1 TL edelsüßes Paprikapulver
1 TL getrockneter Oregano
Meersalz
1 l Gemüsebrühe (siehe Grundrezept Seite 70)
1 Bund Basilikum

- Die Erbsen aus den Schoten palen. Die Zwiebel und den Knoblauch schälen, ganz fein hacken und in einem Topf in etwas Olivenöl glasig andünsten.
- Die Chilischote entkernen und fein hacken. Die Tomaten in kleine Würfel schneiden, nach Belieben auch enthäuten und entkernen. Die Erbsen, die gehackte Chilischote und die Tomatenwürfelchen zu der Zwiebel hinzufügen und etwa 2 Minuten mit andünsten.
- Den Reis in den Topf dazugeben. Anschließend die Gewürze, den Oregano sowie etwas Salz hinzufügen.
- Den Reis mit 1 Schöpfkelle Brühe ablöschen. So lange gleichmäßig rühren, bis die Brühe komplett aufgesogen wurde. Nach und nach etwas Brühe dazugeben und so weiter verfahren, bis die komplette Brühe aufgebraucht wurde.
- Das restliche Olivenöl zum Risotto hinzufügen. Alles gut vermischen, danach mit Salz und Pfeffer abschmecken. Zum Anrichten das Risotto gleichmäßig auf vier Teller verteilen und mit den klein gezupften Basilikumblättern bestreuen. Gleich servieren.

Risotto nach römischer Art

für 4 Personen

1 kg Spinat
1 Zwiebel
1 Knoblauchzehe
100 ml natives Olivenöl
25 g Pinienkerne
350 g Risotto-Reis
Meersalz
25 g Rosinen
25 g getrocknete Tomaten
125 ml trockener Weißwein (oder siehe Tipp Seite 72)
1 l Gemüsebrühe (siehe Grundrezept Seite 70)
frisch gemahlener Pfeffer
2 EL grob gehackte Minze

- Den Spinat putzen und in einem großen Topf etwa 5 Minuten mit etwas Wasser dämpfen, bis der Spinat zusammenfällt. Dann herausnehmen, gut abtropfen lassen und den Spinat fein hacken.
- Die Zwiebel und den Knoblauch schälen, ganz fein hacken und in einem Topf in etwas Olivenöl glasig dünsten. Anschließend die Pinienkerne und den Reis dazugeben und für 2 – 3 Minuten mit anschwitzen.
- Etwas Salz sowie die Rosinen und die in kleine Würfel geschnittenen Tomaten zum Reis hinzufügen.
- Den Reis zuerst mit dem Wein, danach mit 1 Schöpfkelle Brühe ablöschen. So lange gleichmäßig rühren, bis die Brühe komplett aufgesogen wurde. Nach und nach etwas Brühe dazugeben und etwa 20 Minuten so weiter verfahren, bis der Reis die komplette Brühe aufgenommen hat.
- Vor der letzten Kelle Brühe den Spinat und das restliche Olivenöl hinzufügen. Mit Salz und Pfeffer abschmecken. Zum Anrichten das Risotto gleichmäßig auf 4 Teller verteilen und mit der gehackten Minze bestreuen. Gleich servieren.

Zitronenrisotto mit Kokosmilch und Pilzen

für 4 Personen

1 Zwiebel
1 Knoblauchzehe
4 EL Sonnenblumenöl
300 g Risotto-Reis
1 l Gemüsebrühe (siehe Grundrezept auf Seite 70)
5 Thymianzweige oder 1 TL getrockneten Thymian
frisch gemahlener Pfeffer
1 Messerspitze Currypulver
Meersalz
½ frische Chilischote
1 unbehandelte Zitrone
200 ml Kokosmilch
200 g Shiitake-Pilze oder Kräuterseitlinge
1 EL gehackte Petersilie oder Korianderblätter

- Die Zwiebel und den Knoblauch schälen, fein hacken und in einem Topf mit etwa 2 EL Sonnenblumenöl anschwitzen.
- Den Reis dazugeben und 2 – 3 Minuten mit andünsten. Anschließend mit einer Suppenkelle Gemüsebrühe ablöschen. Den Thymian mit den Fingern zerreiben und mit den Gewürzen und etwas Salz sowie der entkernten und klein gehackten Chilischote dazuzugeben.
- So lange gleichmäßig rühren, bis die Brühe komplett aufgesogen wurde. Nach und nach etwas Brühe dazugeben und etwa 20 Minuten so weiter verfahren, bis der Reis die komplette Brühe aufgenommen hat.
- Die Zitronenschale abreiben, die Zitronenhälften auspressen. Die Kokosmilch, den Zitronensaft und die Zitronenschale zum Risotto geben und gut vermischen.
- Die Pilze säubern, in dünne Scheiben schneiden und in dem restlichen Sonnenblumenöl in einer Pfanne anbraten. Mit Salz und Pfeffer abschmecken.
- Beim Anrichten zuerst den Risotto auf die Teller geben, jeweils mit den Pilzen belegen und mit den gehackten Kräutern bestreuen.

Aus dem Backofen

Gefüllte Zucchini auf Tomatenbett

für 4 Personen

200 g Quinoa
Meersalz
1 TL Kurkumapulver
½ TL Kreuzkümmel
½ TL Chilipfeffer
1 Messerspitze gemahlene Gewürznelken
frisch gemahlener Pfeffer
3 EL gehackte Mandeln
50 g entsteinte schwarze Oliven
40 g Rosinen
6 EL natives Olivenöl
2 mittelgroße Zucchini
400 g Tomaten
50 ml trockener Weißwein nach Belieben
2 EL gehackte glatte Petersilie

- Die Quinoa mit etwa der doppelten Menge Wasser aufkochen (bitte Packungsangabe beachten). Etwa 1 TL Salz und die Gewürze dazugeben, vermischen und etwa 30 Minuten bei geringer Temperatur quellen lassen.
- Die Mandeln, Oliven, Rosinen und 2 EL Olivenöl mit der Quinoa vermischen. Danach mit Salz und Pfeffer abschmecken.
- Die Stielansätze und Enden der Zucchini abschneiden und die Zucchini der Länge nach halbieren. Das Fruchtfleisch bis auf einen dünnen Rand mit einem Teelöffel herauslösen. (Eventuell zuvor mit einem spitzem Messer das Fruchtfleisch etwas einschneiden.)
- Die Tomaten in kleine Würfel schneiden, dabei die Stielansätze entfernen. Das Zucchini-Fruchtfleisch ebenfalls fein würfeln. Das Gemüse zusammen in eine mit etwas Öl eingefettete Auflaufform geben. Mit 2 – 3 Prisen Salz sowie etwas Pfeffer würzen und mit dem Weißwein vermischen. (Wer keinen Wein dazugeben möchte, kann ihn einfach weglassen.)
- Die Zucchinihälften mit der Quinoamasse füllen, auf das Tomatenbett setzen und mit dem restlichen Olivenöl beträufeln. Die gefüllten Zucchini im auf 220 °C vorgeheizten Backofen etwa 30 Minuten garen. Vor dem Servieren mit der Petersilie bestreuen.

Kartoffelgratin mit herbstlichem Rotkohlsalat

für 4 Personen

für den Rotkohlsalat:
1 kleiner bis mittelgroßer Rotkohl
1 TL Meersalz
frisch gemahlener Pfeffer
1 EL Ahornsirup
4 EL Balsamico-Essig
2 EL natives Walnussöl
2 Äpfel (z. B. Topas, Elstar)
125 g getrocknete Feigen
100 g Walnusskerne

für das Kartoffelgratin:
6 – 8 Kartoffeln
5 EL natives Olivenöl
1 Zwiebel
2 Knoblauchzehen
Meersalz
frisch gemahlener Pfeffer
frisch geriebene Muskatnuss
1 Messerspitze Currypulver

- Für den Salat den Rotkohl halbieren, den Strunk entfernen und die Rotkohlhälften in feine Streifen schneiden. Den Kohl in einer Schüssel mit dem Salz kräftig kneten. Mit etwas Pfeffer, dem Ahornsirup, Essig und Öl vermischen. Am besten mehrere Stunden ruhen lassen, so kann der Salat richtig durchziehen.
- Danach die Äpfel mit der Schale in dünne Spalten schneiden, Kerngehäuse dabei entfernen. Die Feigen klein würfeln. Äpfel und Feigen mit dem Rotkohlsalat vermischen. In einer trockenen Pfanne die Walnusskerne anrösten und zum Anrichten am Schluss über den Salat streuen.

- Für das Gratin die Kartoffeln schälen und in dünne Scheiben schneiden. Die Kartoffelscheiben dachziegelartig in eine mit etwa 1 TL Öl eingepinselte Auflaufform schichten.
- Die Zwiebel schälen und in Ringe schneiden, den Knoblauch schälen und grob hacken. Zwiebel und Knoblauch über den Kartoffeln verteilen. Mit etwas Salz, Pfeffer und Muskat sowie dem Currypulver würzen. Danach so viel Wasser dazugeben, bis die Kartoffeln etwa zur Hälfte bedeckt sind.
- Die Kartoffelscheiben mit dem restlichen Olivenöl großzügig beträufeln und etwa 45 Minuten im auf 200 °C vorgeheizten Backofen knusprig goldbraun backen.

***Tipp:** Sind die Kartoffeln gar, ist aber die Oberfläche noch nicht knusprig genug, am Backofen kurz den Grill oder nur die Oberhitze einschalten.*

Tomaten-Bohnen-Tarte

für 4 – 6 Personen

200 g Maismehl
100 g geröstetes Kichererbsenmehl
½ –1 TL Weinsteinbackpulver
Meersalz
frisch gemahlener Pfeffer
300 ml Wasser
1 rote Paprikaschote
3 Tomaten
1 – 2 frische Chilischoten
2 Knoblauchzehen
150 g gegarte rote Bohnen (zum Beispiel Kidneybohnen)
4 EL natives Olivenöl

- Beide Mehlsorten, das Weinsteinbackpulver, 1 glatt gestrichenen TL Salz und etwas Pfeffer mit dem Wasser zu einem geschmeidigen Teig verrühren.
- Die Paprikaschote in kleine Würfel schneiden, dabei die Kerne und den Stielansatz entfernen. Ebenso die Tomaten würfeln und dabei die Stielansätze herausschneiden. Anschließend die Chilischoten entkernen und fein hacken. Knoblauch schälen und ganz fein hacken. Die gegarten Bohnen unter fließendem Wasser leicht abspülen.
- Die vorbereiteten Zutaten gut mit dem Teig verrühren. Mit Salz und Pfeffer abschmecken. Eine runde Form (Durchmesser 20 cm) mit 1 EL Öl einpinseln. Den Teig hineingeben und mit dem restlichen Öl beträufeln.
- Die Tarte in dem auf 200 °C vorgeheizten Backofen auf der mittleren Schiene etwa 30 Minuten goldgelb backen. Zum Anrichten mit einem scharfen Messer in vier bis sechs Stücke teilen.

Tomaten aus dem Backofen

für 4 Personen

4 große Tomaten
3 EL natives Olivenöl
etwa 100 g Brokkoli
½ Knoblauchzehe
2 EL Kapern
100 g glutenfreie Semmelbrösel
1 Bund glatte Petersilie
2 EL Weißwein
frisch gemahlener Pfeffer
Meersalz

- Die Tomaten halbieren, mit einem Teelöffel entkernen und vorsichtig das Fruchtfleisch herausheben. An jeder Tomatenhälfte an der Unterseite ein kleines Stück abschneiden, sodass sie besser stehen bleibt. Eine Auflaufform mit 1 EL Öl einpinseln und die Tomatenhälften hineinsetzen.
- Den Brokkoli in Röschen zerteilen, klein hacken und in einer Pfanne mit dem restlichen Öl etwa 3 Minuten anschwitzen. Dann den geschälten und fein gehackten Knoblauch, die Kapern, Semmelbrösel, die klein geschnittene Petersilie, den Wein, Pfeffer und etwa 2 Prisen Salz hinzufügen. Alle Zutaten gut miteinander vermischen und mit Salz und Pfeffer abschmecken.
- Die Tomatenhälften mit der Brokkolimischung füllen und in dem auf 180 °C vorgeheizten Backofen auf der mittleren Schiene etwa 20 Minuten garen. Die Füllung sollte oben leicht gebräunt sein.

Tipps: *Als Beilagen eignen sich beispielsweise ein gutes Brot, Reis- oder Maisspaghetti (al dente gegart und mit etwa 3 EL Olivenöl, Salz, Pfeffer und 2 EL klein gehackter Petersilie oder mediterranen Kräutern vermischt), Backofenkartoffeln und Blattsalate.*
Die Füllung kann natürlich variieren: Beispielsweise statt des Brokkolis 1 fein gehackte gelbe Paprikaschote sowie je 1 EL entsteinte und halbierte schwarze und grüne Oliven verwenden. Statt der Petersilie eignen sich auch andere Kräuter wie Rosmarin, Thymian oder Basilikum.

Ofenkartoffeln mit Rosmarin und Zitrone

für 2 Personen

600 g Kartoffeln
etwa 120 ml natives Olivenöl
2 unbehandelte Zitronen
½ TL Meersalz
frisch gemahlener Pfeffer
1 Zweig Rosmarin (oder 1 TL getrockneter Rosmarin)
3 Knoblauchzehen

- Die Kartoffeln schälen und in 2 – 3 cm große Würfel schneiden. Die Kartoffeln in einen Topf geben, so viel Wasser dazugeben, dass sie bedeckt sind, und etwa 10 Minuten vorgaren. Danach das Wasser abgießen.
- Ein Backblech oder eine Auflaufform mit 1 EL Öl einfetten. Die Schale von einer Zitrone abreiben und anschließend beide Zitronen auspressen.
- Die Kartoffelwürfel mit Zitronenschale und -saft, dem restlichen Öl, Pfeffer, Salz, Rosmarin sowie dem geschälten und fein gehackten Knoblauch gut vermischen.
- Den Backofen auf 200 °C vorheizen. Die Kartoffeln auf das Backblech oder in die Auflaufform geben und auf der mittleren Schiene 40 – 45 Minuten goldgelb backen.

***Tipp:** Dieses Gericht eignet sich wunderbar als Hauptgericht zu Blattsalaten oder Wurzelgemüsen. Es passt aber ebenso gut als Beilage zu vielen anderen Gemüsegerichten.*

Gefüllte Zwiebeln

für 4 Personen

4 Zwiebeln
100 g Champignons
2 EL fein gehackte Petersilie
Meersalz
1 Messerspitze Currypulver
frisch gemahlener Pfeffer
5 EL natives Olivenöl

- Die Zwiebeln schälen, in einen Topf geben und mit Wasser so weit aufgießen, bis sie gut bedeckt sind. Danach die Zwiebeln etwa 15 Minuten garen.
- Die Champignons säubern und fein hacken. Die Zwiebeln quer halbieren und mit einem Teelöffel etwa zwei Drittel des Inneren entfernen. Das Zwiebelinnere klein hacken und mit den Champignons und der Petersilie in einer Schüssel vermischen. Mit etwa 3 Prisen Salz, dem Currypulver und Pfeffer würzen.
- Die Zwiebelhälften mit der Masse füllen und in eine mit 1 EL Öl ausgepinselte Auflaufform geben. Nochmals mit etwa 1 Prise Salz und etwas Pfeffer würzen sowie mit etwa 4 EL Öl beträufeln.
- Anschließend die Zwiebeln etwa 25 Minuten in dem auf 200 °C vorgeheizten Backofen auf der mittleren Schiene goldgelb backen.

Tipp: *Dazu passen wunderbar die Ofenkartoffeln mit Rosmarin und Zitrone von Seite 84, Polenta oder etwas Brot.*

Quinoa-Focaccia mit Brokkoli, Paprika und Tomaten

für 3 – 4 Personen

für den Teig:
350 g Quinoa
etwa 2 EL natives Olivenöl
750 ml Wasser
frisch gemahlener Pfeffer
1 Messerspitze Currypulver
1 TL getrockneter Oregano
½ TL Meersalz
1 mittelgroße, weich gekochte mehlige Kartoffel

für den Belag:
2 Tomaten
6 EL natives Olivenöl
½ – 1 TL Meersalz
frisch gemahlener Pfeffer
1 Knoblauchzehe
1 rote Paprikaschote
1 Zwiebel
1 kleiner Brokkoli
etwa 20 Kirschtomaten
½ TL getrocknetes Basilikum
½ Bund Basilikum

- Für den Teig die Quinoa in einem Topf für etwa 1 Minuten mit etwas Öl leicht anrösten. Mit dem Wasser ablöschen und die Gewürze, Kräuter und Salz dazugeben. Die Quinoa unter Rühren aufkochen, danach auf der ausgeschalteten Herdplatte etwa 30 Minuten quellen lassen. Dabei mehrmals umrühren.
- Die weich gekochte Kartoffel schälen, fein raspeln und mit dem Teig gut vermischen.
- Anschließend den Teig etwa 1 cm dick auf einem mit etwa 1 EL Öl bepinselten Backblech ausstreichen.

- Für den Belag die Tomaten in Stücke schneiden, dabei die Stielansätze entfernen. Die Tomatenstücke in ein Gefäß mit hohem Rand geben. Das Öl, 3 – 4 Prisen Salz, Pfeffer sowie den geschälten Knoblauch hinzufügen und alles mit dem Pürierstab fein pürieren (oder im Mixer pürieren). Die Sauce gleichmäßig auf dem Teig ausstreichen.
- Die Paprikaschote halbieren, dabei die Kerne und den Stielansatz entfernen, und die Hälften in dünne Längsstreifen schneiden. Die Zwiebel schälen und in dünne Scheiben schneiden. Die Focaccia mit Paprika und Zwiebel belegen.
- Den Brokkoli in kleine Röschen schneiden und zusammen mit den Kirschtomaten gleichmäßig auf dem Teig verteilen. Den Belag mit 3 Prisen Salz, Pfeffer und dem getrockneten Basilikum würzen.
- Die Focaccia im auf 200 °C vorgeheizten Backofen auf mittlerer Schiene etwa 30 Minuten goldgelb backen. Danach mit den klein gezupften Basilikumblättern bestreuen und mit einem scharfen Messer in Wunschgröße teilen.

Hirse-Focaccia mit Tapenade

für 3 – 4 Personen

für den Teig:
350 g Hirse
etwa 2 EL natives Olivenöl
750 ml Wasser
1 TL Tomatenmark
1 TL getrockneter Oregano
frisch gemahlener Pfeffer
1 Messerspitze Currypulver, ½ TL Meersalz
1 mittelgroße, weich gekochte mehlige Kartoffel

für den Belag:
250 g entsteinte grüne Oliven
2 EL Kapern
etwa 8 EL natives Olivenöl
2 Knoblauchzehen
½ TL Meersalz, frisch gemahlener Pfeffer
1 Handvoll Rucola

- Für den Teig die Hirse grob schroten und in einem Topf mit etwas Öl etwa 2 Minuten leicht anrösten. Mit dem Wasser ablöschen.
- Das Tomatenmark, die Kräuter, Gewürze und das Salz dazugeben. Die Hirse unter Rühren aufkochen, dann den Herd ausschalten und die Hirse etwa 30 Minuten quellen lassen. Zwischendurch mehrmals umrühren.
- Die gekochte Kartoffel schälen, fein raspeln und mit dem Teig vermischen.
- Ein Backblech mit etwas Öl einfetten und die Hirse etwa 1 cm dick darauf ausstreichen. Für den Belag die Oliven, die Kapern, 50 ml Öl, den geschälten und klein geschnittenen Knoblauch, Salz und Pfeffer in einem hohen Gefäß mit dem Pürierstab gut durchmixen (oder im Mixer pürieren).
- Ist die Tapenade zu fest, vorsichtig etwas Wasser zugeben, bis sie eine streichbare Konsistenz bekommt. Mit Salz und Pfeffer abschmecken, anschließend gut auf dem Teig verteilen. Den Belag gleichmäßig mit etwa 3 EL Öl beträufeln. Die Focaccia im auf 200 °C vorgeheizten Backofen auf mittlerer Schiene etwa 30 Minuten goldgelb backen.
- Danach den in mundgerechte Größe geschnittenen Rucola darüberstreuen und die Focaccia mit einem scharfen Messer in Wunschgröße teilen.

Gebackene Kartoffelscheiben mit Bärlauchpesto

für 4 Personen

für das Pesto:
3 EL Mandeln
1 kleiner Zucchino
1 gute Handvoll Bärlauchblätter
etwa ½ TL Meersalz
frisch gemahlener Pfeffer
etwa 120 ml natives Olivenöl

1 kg Kartoffeln
3 EL natives Olivenöl für das Backblech
Meersalz
frisch gemahlener Pfeffer

- Für das Pesto die Mandeln mit der Schale in einer beschichteten trockenen Pfanne etwa 5 Minuten leicht anrösten und anschließend etwas abkühlen lassen.
- Den Zucchino klein würfeln, dabei den Stielansatz entfernen. Die Bärlauchblätter grob hacken und zusammen mit den Zucchiniwürfeln, den Mandeln, Gewürzen sowie dem Öl in ein Gefäß mit hohem Rand geben. Die Mischung mit dem Pürierstab zu einer homogenen Masse mixen. Mit Salz und Pfeffer abschmecken.
- Die Kartoffeln schälen und in dünne Scheiben schneiden.
- Ein Backblech mit dem Öl einpinseln. Die Kartoffeln dachziegelartig auf dem Blech anordnen (es muss nicht so streng sein, wie es sich vielleicht anhört). Das Pesto gleichmäßig über die Kartoffeln träufeln. Mit 2 – 3 Prisen Salz und frisch gemahlenem Pfeffer würzen.
- Die Kartoffelscheiben im auf 200 °C vorgeheizten Backofen auf der mittleren Schiene für etwa 30 Minuten goldbraun backen.

Tipp: *Dieses Gericht schmeckt sehr gut als Hauptgericht, als Beilage reicht es auch für 5 Personen. Dazu passen wunderbar alle Blattsalate oder Rohkostsalate.*

Kichererbsenauflauf mit Auberginen und Rucola

für 4 Personen

450 g geröstetes Kichererbsenmehl
1 ½ l Wasser
1 TL Meersalz
frisch gemahlener Pfeffer
1 Messerspitze Currypulver
2 Knoblauchzehen
½ TL frischer oder getrockneter Rosmarin
4 Tomaten
1 – 2 Auberginen
8 EL natives Olivenöl
1 Handvoll Rucola

- Das Kicherbsenmehl in einem Topf in das kalte Wasser einrühren, langsam erhitzen und unter Rühren zum Kochen bringen. Das Salz, etwas Pfeffer und das Currypulver dazugeben. Mit zunehmendem Stocken des Kichererbsenteiges den Herd ausschalten. Den geschälten und fein gehackten Knoblauch sowie den Rosmarin darunterrühren und den Teig etwa 30 Minuten quellen lassen. Dabei mehrmals gut umrühren.
- Die Tomaten in Scheiben schneiden, die Auberginen längs in dünne Scheiben schneiden, dabei jeweils die Stielansätze entfernen.
- Eine Auflaufform mit 1 – 2 EL Öl einpinseln. Die Hälfte des Kichererbsenteigs einfüllen und glatt streichen. Die Tomatenscheiben auf dem Teig verteilen und mit 1 Prise Salz würzen. Danach den restlichen Teig darübergeben und glatt ausstreichen. Mit den Auberginenscheiben dicht belegen.
- Die Auberginen mit 2 – 3 Prisen Salz und etwas Pfeffer bestreuen und mit etwa 6 EL Olivenöl beträufeln. Den Auflauf im auf 200 °C vorgeheizten Backofen auf der mittleren Schiene etwa 30 Minuten goldgelb backen.
- Zum Servieren den Auflauf in Stücke schneiden, auf die Teller verteilen und mit dem mundgerecht zerkleinerten Rucola bestreuen.

Kürbisgratin mit Kirschtomaten und Mandelmus

für 4 Personen

400 g Butternusskürbis
4 Kartoffeln
1 Zwiebel
1 Knoblauchzehe
frisch gemahlener Pfeffer
2 – 3 Messerspitzen frisch geriebene Muskatnuss
1 Messerspitze Currypulver
frisch gemahlener Pfeffer
1 TL Meersalz
½ TL getrockneter Thymian
1 EL natives Sonnenblumenöl für die Form
250 g Mandelmus
10 Kirschtomaten

- Den Kürbis halbieren, mit einem Löffel die Kerne entfernen, die Kürbishälften schälen und grob raspeln. Die Kartoffeln ebenfalls schälen, grob raspeln und mit dem Kürbis in eine Schüssel geben.
- Die Zwiebel und den Knoblauch schälen, klein schneiden und mit den Gewürzen, dem Salz und dem zwischen den Fingern gerebelten Thymian zur Kürbis-Kartoffel-Mischung geben. Alle Zutaten gut miteinander vermischen.
- Eine Auflaufform mit dem Öl einpinseln und die Masse einfüllen. Das Mandelmus mit einem Löffel gleichmäßig darauf verteilen. Die halbierten Kirschtomaten darauf setzen.
- Das Gratin im auf 200 °C vorgeheizten Backofen auf der mittleren Schiene etwa 30 Minuten goldbraun backen.

Tipp: *Das Gratin eignet sich mit allen Blatt- und Gemüsesalaten sehr gut als Hauptspeise. Es schmeckt aber auch sehr gut als Beilage zu Gemüsegerichten wie den gefüllten Zwiebeln von Seite 85 oder den Tomaten aus dem Backofen von Seite 83.*

Gerichte aus aller Welt

Gebratener Reis mit Bambussprossen und Chinakohl

für 2 Personen

200 g Vollkornreis
5 EL natives Sonnenblumenöl
400 ml Wasser
1 Zwiebel
1 mittelgroßer Chinakohl (etwa 250 g)
Meersalz
frisch gemahlener Pfeffer
¼ TL Currypulver
½ Bund glatte Petersilie
200 g Bambussprossen
200 g Champignons
2 EL gehackter Ingwer
3 EL natives Sesamöl
½ TL Sambal Oelek (oder 3 Messerspitzen Chilipfeffer)

- Den Reis in einem Topf in etwas Sonnenblumenöl anschwitzen, mit dem kalten Wasser ablöschen und etwa 40 Minuten bei niedriger Temperatur garen.
- Anschließend die Zwiebel schälen, klein hacken und in einer großen Pfanne im restlichen Sonnenblumenöl etwa 2 Minuten anschwitzen. Den Reis hinzufügen und für 5 – 10 Minuten anbraten.
- Den Chinakohl in Streifen schneiden, den Strunk dabei entfernen. Chinakohl, 1 TL Salz, Pfeffer, Currypulver und die klein geschnittenen Stängel der Petersilie sowie die Bambussprossen zum Reis geben und 5 Minuten mit anbraten.
- Die Champignons säubern, in ganz feine Scheiben schneiden und 2 Minuten mit anbraten. Anschließend mit dem Ingwer, Sesamöl und Sambal Oelek vermischen. Mit Salz und Pfeffer abschmecken. Die Petersilienblätter grob schneiden und darüberstreuen.

Curryreis mit Mandel-Kokos-Sauce

für 2 Personen

2 Zwiebeln
5 EL natives Sonnenblumenöl
1 TL Currypulver
200 – 250 g Vollkornreis
Meersalz
150 g Mandeln
1 frische Chilischote
2 mittelgroße Zucchini
1 Knoblauchzehe
100 ml Kokosmilch
2 – 3 EL Wasser
frisch gemahlener Pfeffer
frisch geriebene Muskatnuss
2 EL gehackter Ingwer
2 TL gehackter Schnittlauch

- Die Zwiebeln schälen und klein schneiden. Die Hälfte der Zwiebeln in einem Topf in 3 EL Öl anschwitzen. Currypulver zugeben und für 30 Sekunden anrösten.
- Den Reis hinzufügen, andünsten und mit der doppelten Menge Wasser ablöschen. Etwa 40 Minuten bei niedriger Temperatur garen. Dabei den Reis nach ungefähr der Hälfte der Kochzeit mit 1 glatt gestrichenen TL Salz würzen.
- Die Mandeln etwa 5 Minuten in kochend heißes Wasser legen, abgießen und die Haut abziehen. Chilischote entkernen und in feine Streifen schneiden. Die Zucchini grob raspeln, dabei die Stielansätze entfernen.
- In einer großen Pfanne die restlichen Zwiebeln zusammen mit den grob gehackten Mandeln etwa 5 Minuten in 2 EL Öl anschwitzen. Chili, Zucchini und den geschälten und fein gehackten Knoblauch zu den Zwiebeln geben, die Kokosmilch und das Wasser dazugießen. Die Gewürze und 1 Prise Salz darunterrühren. Die Sauce 5 Minuten weiterköcheln. Zum Schluss den Ingwer hinzufügen.
- Sobald der Reis gar ist, zur Sauce in die Pfanne geben und vermischen. Anschließend mit Salz und Pfeffer abschmecken. Beim Servieren den Curryreis mit den Schnittlauchröllchen bestreuen.

Gemüsepakoras

für 2 Personen

½ mittelgroßer Blumenkohl
1 mittelgroße Zwiebel
1 Knoblauchzehe
100 g geröstetes Kichererbsenmehl
½ TL gemahlener Koriander
½ TL Kurkumapulver
½ TL Chilipulver
½ TL Garam masala
1 TL Meersalz
etwa 150 ml Wasser
etwa 100 ml natives Sonnenblumenöl

- Den Blumenkohl putzen und in kleine Röschen schneiden. Zwiebel und Knoblauch schälen und fein hacken.
- Aus dem Kichererbsenmehl, den Zwiebeln und dem Knoblauch, den Gewürzen und dem Salz sowie dem Wasser einen glatten Teig anrühren. Bei Bedarf noch etwas Wasser dazugeben.
- Den Blumenkohl unter den Teig mischen, mit Salz und Pfeffer abschmecken.
- In einer großen beschichteten Pfanne 2 – 3 EL Öl erhitzen. Einen Teil des Teigs in die Pfanne geben und glatt streichen. Der Fladen soll etwa ½ cm dick sein.
- Den Teig etwa 5 Minuten bei mittlerer Hitze anbraten, wenden und auf der anderen Seite ebenfalls goldbraun anbraten. In 5 – 6 gleich große, unregelmäßig geformte Stücke zerteilen und auf einem großen Teller im Backofen bei etwa 100 °C warm halten.
- Mit dem restlichen Teig genauso verfahren und weitere Pakoras ausbacken.

Tipp: *Die Pakoras sind mit einem grünen Salat oder anderen Rohkostsalaten ein leckeres Hauptgericht. Sie schmecken auch sehr gut als Beilage zu vielen asiatischen Gerichten. Ebenso gut können die Pakoras auch mal zwischendurch oder als Pausenverpflegung kalt verzehrt werden.*

Samosas mit pikanter Füllung

für 2 Personen

für die Samosas:
1 TL vollfettes Sojamehl
1 EL natives Sonnenblumenöl
1 Messerspitze Currypulver
½ TL gemahlener Koriander
1 TL Meersalz
200 g Hirsemehl
300 – 350 ml Wasser
Hirsemehl für die Arbeitsfläche
etwa 100 ml natives Sonnenblumenöl zum Ausbacken

für die Füllung:
2 Kartoffeln
80 g gepalte frische Erbsen (oder tiefgefroren und aufgetaut)
3 EL Rosinen
1 TL gemahlener Kreuzkümmel
½ TL Chilipulver
1 Messerspitze Currypulver
1 TL gehackter Ingwer
frisch gemahlener Pfeffer
Meersalz
2 EL gehackte Korianderblätter
etwa 2 EL Hirsemehl
2 EL Zitronensaft

- Das Sojamehl mit etwas Wasser verrühren. Dann das Sojamehl, das Öl, die Gewürze und das Salz zum Hirsemehl geben und alle Zutaten zu einem glatten Teig anrühren. Den Teig etwa 30 Minuten ruhen lassen.
- Für die Füllung die Kartoffeln gründlich bürsten und mit der Schale in einem kleinen Topf mit etwas Wasser etwa 15 Minuten garen. Danach die Kartoffeln pellen und abkühlen lassen.
- Die Kartoffeln in kleine Würfel schneiden und zusammen mit den Erbsen, den Rosinen, den Gewürzen, Salz und Korianderblättern, dem Hirsemehl sowie dem Zitronensaft in einer Schüssel vermischen. Mit Salz und Pfeffer abschmecken.

- Den Teig auf einer bemehlten Fläche mit einem Nudelholz 2 – 3 mm dick ausrollen und mit einem Wasserglas etwa 10 cm große Kreise ausstechen. Den restlichen Teig wieder zusammenkneten, erneut ausrollen und ausstechen, bis er aufgebraucht ist.
- Jeweils einen gehäuften Teelöffel der Füllung auf die Hälfte des Teigkreises geben, die andere Teighälfte darüberklappen. Mit einer Gabel die aufeinanderliegenden Kanten des Halbkreises fest andrücken. Auf diese Weise alle Samosas füllen und verschließen.
- Die Samosas in einer beschichteten Pfanne portionsweise mit jeweils 2 – 3 EL Öl auf beiden Seiten goldgelb ausbacken.

Tipp: *Dazu passt wunderbar der sizilianische Tomatensalat (siehe Seite 19) oder ein leckerer Gemüse-Rohkostsalat.*

Gebackene Glasnudelnester

für 2 Personen

200 – 250 g Glasnudeln
50 g geröstetes Kichererbsenmehl
etwa 2 EL (30 ml) Wasser
½ TL Currypulver
1 Messerspitze frisch geriebene Muskatnuss
frisch gemahlener Pfeffer
1 TL Meersalz
1 Knoblauchzehe
1 Frühlingszwiebel
150 g blanchierte frische Erbsen
50 – 100 ml natives Sonnenblumenöl

- Die Nudeln etwa 1 Stunde in ausreichend kaltem Wasser einweichen.
- Das Kichererbsenmehl mit dem Wasser, den Gewürzen, dem Salz und der geschälten und fein gehackten Knoblauchzehe in einer Schüssel verrühren. Die in dünne Streifen geschnittene Frühlingszwiebel, die abgetropften Erbsen sowie die über einem Sieb abgegossenen Nudeln dazugeben und ebenfalls gut vermischen.
- In einer beschichteten Pfanne 2 – 3 EL Öl erhitzen. Mit einer Gabel und einem Löffel die erste Nudelportion in die Pfanne geben, mit dem Löffel etwas glätten. Die Nudelnester etwa 5 Minuten schön goldgelb anbraten, herausnehmen und im Backofen bei etwa 100 °C warm halten. Mit der restlichen Nudel-Teig-Mischung so weiterverfahren, bis alle Nudelnester ausgebacken sind. Wichtig ist, dass die Nester untereinander genügend Abstand haben – sonst hängt am Ende alles zusammen.

***Tipp:** Hierzu passen alle Blatt- und Wurzelgemüsesalate.*

Kichererbsencurry

für 2 Personen

250 g getrocknete Kichererbsen
2 Zwiebeln
1 Knoblauchzehe
5 Tomaten
1 Bund glatte Petersilie
3 EL natives Sonnenblumenöl
1 TL Tomatenmark
½ –1 TL Chilipulver
frisch gemahlener Pfeffer
½ TL Kurkumapulver
1 TL gemahlener Kreuzkümmel
1 TL edelsüßes Paprikapulver
1 TL gemahlener Koriander
½ TL Garam masala
1 TL Meersalz
100 ml Wasser

- Die Kichererbsen über Nacht in Wasser einweichen, abgießen, mit frischem Wasser aufsetzen und etwa 1 Stunde garen. Anschließend die Kichererbsen in ein Sieb abgießen und abtropfen lassen.
- Die Zwiebeln und den Knoblauch schälen und fein hacken. Die Tomaten würfeln, dabei die Stielansätze entfernen. Die Stängel der Petersilie klein schneiden, die Blätter beiseite legen.
- Die Zwiebeln in einem Topf in dem heißen Öl etwa 5 Minuten anschwitzen. Danach das Tomatenmark, die Gewürze, das Salz, die Tomatenstücke und klein geschnittenen Petersilienstängel dazugeben. Alles zusammen kurz anschwitzen und mit dem Wasser ablöschen, gut umrühren und 5 – 10 Minuten köcheln lassen.
- Die gegarten Kichererbsen dazugeben und das Curry mit dem fein gehackten Knoblauch, Salz und Pfeffer abschmecken. Zum Anrichten die Petersilienblätter grob hacken und darüberstreuen.

***Tipp:** Das Kichererbsencurry schmeckt zu Reis, Hirsebratlingen oder Nudeln. Auch ein grüner Salat macht sich gut dazu.*

Blumenkohl-Auberginen-Curry

für 4 Personen

1 EL Senfkörner
2 Zwiebeln
5 EL natives Sonnenblumenöl
1 mittelgroßer Blumenkohl
2 Karotten
2 mittelgroße Auberginen
2 TL Currypulver
frisch gemahlener Pfeffer
Meersalz
400 g Tomaten
2 mittelgroße Zucchini
200 g grüne Bohnen
200 g Champignons
¼ l Kokosmilch
2 EL gehackte Petersilie oder gehackter Schnittlauch

- Die Senfkörner in einer großen Pfanne ohne Fett erhitzen, bis sie aufplatzen.
- Die Zwiebeln schälen, fein hacken und zusammen mit dem Öl in die Pfanne geben und 2 – 4 Minuten anschwitzen.
- Den Blumenkohl in kleine Röschen teilen, dabei den Strunk entfernen. Karotten in dünne Scheiben schneiden. Die Auberginen in kleine Würfel schneiden, dabei die Stielansätze entfernen. Das Gemüse zusammen in die Pfanne dazugeben und etwa 2 Minuten mit anbraten.
- Anschließend die Gewürze und etwa ½ TL Salz hinzufügen, etwa 1 Minute weiterbraten. Die Tomaten und die Zucchini in kleine Würfel schneiden, dabei die Stielansätze entfernen. Die Bohnen putzen und in mundgerechte Stücke schneiden. Tomaten, Zucchini und grüne Bohnen in die Pfanne dazugeben und alles zusammen etwa 5 Minuten köcheln lassen.
- Die Champignons säubern, halbieren und zusammen mit der Kokosmilch zum Gemüse geben. Das Curry noch etwa 5 Minuten weiterköcheln lassen. Mit Salz und Pfeffer abschmecken. Vor dem Servieren mit den Kräutern bestreuen.

***Tipp:** Dazu eignet sich als Beilage sehr gut das Kartoffelcurry von Seite 101, Vollkornreis und natürlich ein leckerer Salat.*

Pikantes Kartoffelcurry

für 2 Personen

4 große Kartoffeln
5 EL natives Sonnenblumenöl
Meersalz
frisch gemahlener Pfeffer
2 TL Sesamsamen
1 TL Kreuzkümmel
1 TL Koriander
1 TL Senfkörner
1 frische oder getrocknete rote Chilischote
2 EL Zitronensaft
½ TL Kurkumapulver
2 TL abgeriebene Zitronenschale

- Die Kartoffeln mit der Schale in einem Topf mit Wasser bedecken und etwa 20 Minuten (je nach Größe) garen. Am besten mit einem spitzen Messer in eine Kartoffel hineinstechen, um zu prüfen, ob sie schon gar ist.
- Die Kartoffeln schälen, in mundgerechte Stücke schneiden und in einer beschichteten Pfanne mit dem Öl etwa 10 Minuten goldgelb anbraten.
- Etwa 1 glatt gestrichenen TL Salz, etwas Pfeffer und die Sesamkörner zu den Kartoffeln geben. Den Kreuzkümmel, Koriander sowie die Senfkörner in einem Mörser grob zerkleinern und mit der zuvor entkernten Chilischote ebenfalls zu den Kartoffeln geben.
- Alle Gewürze gut mit den Kartoffeln vermischen und unter ständigem Wenden etwa 1 Minute mit anbraten.
- Den Zitronensaft, das Kurkumapulver und die Zitronenschale dazugeben und alles gut miteinander vermischen. Abschließend mit Salz und Pfeffer abschmecken.

***Tipp:** Dieses Gericht schmeckt sehr gut mit einem frischen Salat oder als Beilage zu gedünstetem Gemüse wie Brokkoli, Blumenkohl oder Karotten.*

Asiatische Erfrischung aus Melonen

für 4 Personen

2 Honigmelonen
1 Bund frische Korianderblätter
8 EL Limettensaft
2 – 4 TL Kokosblütensirup
1 Messerspitze Chilipulver
1 Messerspitze Meersalz
4 TL Sesamsamen

- Die Melonen schälen, entkernen und in kleine Würfel schneiden. Mit den klein gehackten Korianderblättern, dem Limettensaft und dem Kokosblütensirup in einer Schüssel gut vermischen. Mit Chilipulver und Salz würzen.
- Den Sesam in einer trockenen, beschichteten Pfanne etwa 5 Minuten goldbraun anrösten und abkühlen lassen.
- Die Melonenwürfel portionsweise zum Anrichten zunächst in eine kleine Schale oder Tasse geben und dann auf einen flachen Teller »stürzen«. Mit dem gerösteten Sesam bestreuen.

***Tipp:** Dieses Rezept ist sehr schnell zubereitet und eignet sich als schnelles Gericht an heißen Tagen ebenso wie als eine Vorspeise, ein »Intermezzo« oder Dessert innerhalb eines mehrgängiges Menüs. Vielleicht fallen Ihnen noch andere schöne »Unterbrechungen« ein, zu welchen die Honigmelonen gut passen ...*

Thailändisches Blumenkohlcurry

für 2 Personen

250 g Vollkornreis
1 mittelgroßer Blumenkohl
1 Bund Frühlingszwiebeln
1 kleiner Spitzkohl
1 Stück frischer Ingwer (etwa 4 cm)
1 Knoblauchzehe
1 rote Zwiebel
3 EL natives Sonnenblumenöl
1 – 2 EL grüne Currypaste (oder 1 TL Currypulver)
400 ml Wasser
Meersalz
frisch gemahlener Pfeffer
200 ml Kokosmilch
1 frische rote Chilischote
Saft von 1 Limette
1 Bund Korianderblätter

- Den Reis in der doppelten Menge Wasser etwa 40 Minuten (je nach Packungsangabe) bei niedriger Temperatur garen.
- Inzwischen den Blumenkohl in kleine Röschen zerteilen. Die Frühlingszwiebeln putzen in etwa 5 cm lange Stücke schneiden. Die äußeren Blätter des Spitzkohls entfernen, den Kohl halbieren und den Strunk herausschneiden. Anschließend die Blätter in mundgerechte Stücke schneiden.
- Den Ingwer, Knoblauch und die Zwiebel schälen, fein hacken und in einem Topf mit dem Öl etwa 1 Minute anschwitzen. Den Blumenkohl, Spitzkohl sowie die Currypaste hinzufügen und alles für 2 – 3 Minuten andünsten. Mit dem Wasser ablöschen und mit 1 TL Salz und etwas Pfeffer würzen.
- Das Gemüsecurry bei geschlossenem Deckel etwa 10 Minuten garen. Anschließend die Kokosmilch, die in kleine Streifen geschnittene Chilischote (Kerne vorher entfernen) und die Frühlingszwiebeln dazugeben. Das Curry ohne Deckel weitere 10 Minuten garen.
- Das Blumenkohlcurry von der Herdplatte nehmen, den Limettensaft hinzufügen und mit Salz und Pfeffer abschmecken. Die grob gehackten Korianderblätter zum Anrichten darüberstreuen.

Moussaka

für 4 Personen

500 g mehligkochende Kartoffeln
Meersalz
1 Messerspitze Currypulver
etwa ¼ l natives Olivenöl
2 Knoblauchzehen
1 kg Auberginen
etwas Hirsemehl für die Form
1 TL getrockneter oder gehackter frischer Salbei
frisch gemahlener Pfeffer

- Die Kartoffeln schälen und in dünne Scheiben schneiden. Die Kartoffelscheiben in einem Topf mit Wasser bedecken, mit 1 Prise Salz und dem Currypulver würzen und etwa 15 Minuten garen.
- Die Kartoffeln über einer Schüssel abgießen und im Topf mit einem Schneebesen oder einem Handrührgerät zu Püree rühren (bitte keinen Mixstab verwenden, das ergibt eine »kleisterartige« Konsistenz). Nach und nach so viel Kartoffelkochwasser dazugeben, bis ein festes, verstreichbares Püree entstanden ist. Einen guten Schuss Öl und den geschälten, fein gehackten Knoblauch dazugeben, nochmals umrühren und mit Salz abschmecken.
- Die Auberginen in etwa ½ cm dicke Scheiben schneiden, dabei die Stielansätze entfernen. In einer beschichteten Pfanne mit reichlich Olivenöl (100 – 150 ml) etwa 5 Minuten goldgelb anbraten.
- Eine große Auflaufform mit 2 – 3 EL Öl einpinseln und mit dem Hirsemehl ausstreuen. Die Auberginenscheiben in der Form verteilen, den Salbei darüberstreuen und die Auberginen mit 2 Prisen Salz und etwas Pfeffer würzen. Das Kartoffelpüree gut über den Auberginen verstreichen. Diese Schicht gleichmäßig mit 5 EL Öl beträufeln.
- Das Moussaka in dem auf 200 °C vorgeheizten Backofen auf der mittleren Schiene etwa 50 Minuten goldbraun backen.

Ungarischer Eintopf

für 4 Personen

4 große Kartoffeln
5 EL natives Olivenöl
1 Zwiebel
1 gelbe Paprikaschote
1 rote Paprikaschote
1 Karotte
1 Stange Staudensellerie
400 g Tomaten
1 EL Paprikapulver (Sorte nach Schärfe-Geschmack)
½ TL fein gemörserter Kümmel
1 Messerspitze Currypulver
frisch gemahlener Pfeffer
½ – 1 TL Meersalz
200 ml Wasser
1 Bund Petersilie
1 Bund Frühlingszwiebeln

- Die Kartoffeln schälen, in grobe Würfel schneiden und in einem Topf in dem Öl bei mittlerer Hitze 5 – 10 Minuten anbraten.
- Die Zwiebel schälen und fein hacken. Die Paprikaschoten halbieren, Stielansätze sowie Kerne entfernen und die Hälften in kleine Würfel schneiden. Karotte und Sellerie putzen und klein schneiden. Das klein geschnittene Gemüse zur Zwiebel geben etwa 5 Minuten mit anbraten.
- Die Tomaten in kleine Würfel schneiden, Stielansätze dabei entfernen. Tomatenwürfel, die Gewürze sowie das Salz dazugeben und mit dem Wasser ablöschen. Gut umrühren, sodass sich der Fond vom Topfboden löst. Danach den Eintopf etwa 10 Minuten weitergaren.
- Die Petersilie grob hacken, die Frühlingszwiebeln in Streifen schneiden und zusammen unter den Eintopf mischen. Mit Salz und Pfeffer abschmecken.

Tipp: *Wenn Sie zu diesem Gericht etwa ½ l Gemüsebrühe hinzufügen, entsteht eine wunderbare Gulaschsuppe für mindestens 6 Personen.*

Pikante Maiskolben mit Ingwer und Chili

für 2 Personen

2 frische Kolben Gemüsemais
Meersalz
1 frische Chilischote
1 TL eingelegte grüne Pfefferkörner
4 EL natives Sonnenblumenöl
1 EL gehackter Ingwer
1 Knoblauchzehe

- Die Blätter und die Fäden der Maiskolben entfernen, die Kolben quer halbieren.
- Den Gemüsemais in einem Topf geben, mindestens zur Hälfte mit Wasser bedecken. Mit 1 Prise Salz würzen und die Maiskolbenhälften etwa 15 Minuten garen.
- Währenddessen die Chilischote entkernen und klein hacken. Die grünen Pfefferkörner ebenfalls fein hacken. Chili und Pfeffer in einer Schüssel mit dem Öl, dem Ingwer sowie dem geschälten und durchgepressten Knoblauch vermischen. Mit Salz und Pfeffer würzen.
- Die gegarten, noch warmen Maiskolben in der Marinade wenden und je zwei Hälften auf einen vorgewärmten Teller geben. Zum Anrichten die restliche Marinade mit einem Löffel gleichmäßig darauf verteilen.

Tipp: *Dazu schmecken alle Blatt- und Rohkostsalate.*

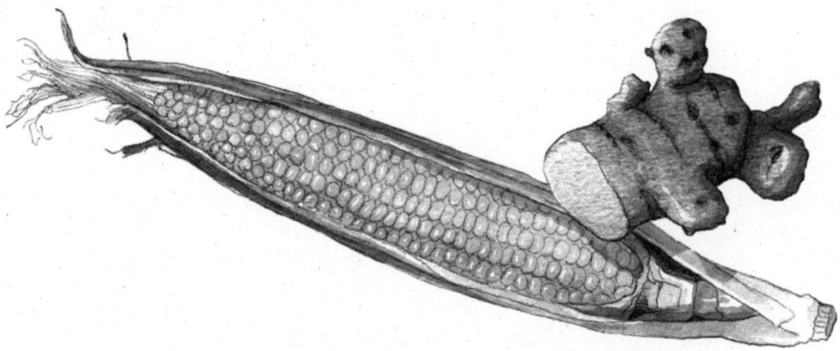

Ägyptische Falafel mit erfrischendem Dip

für 4 Personen

für die Falafel:
450 g geröstetes Kichererbsenmehl
½ TL Weinsteinbackpulver
1 kleine Zwiebel
1 Knoblauchzehe
2 EL gehackte Petersilie
1 EL gehackte Korianderblätter
2 TL gemahlener Kreuzkümmel
150 ml Wasser
etwa 150 ml Öl zum Frittieren

für den Dip:
2 Tomaten
½ grüne Paprikaschote
¼ Salatgurke
2 EL gehackte Petersilie
½ TL gehackte Peperoni
frisch gemahlener Pfeffer
Meersalz
1 unbehandelte Zitrone

- Das Kichererbsenmehl mit dem Backpulver in einer Schüssel vermischen. Die Zwiebel sowie den Knoblauch schälen und fein hacken. Das Mehl mit der Zwiebel und dem Knoblauch, den Kräutern sowie dem Kreuzkümmel vermischen. Das Wasser dazugießen und alles zu einem homogenen Teig verrühren. Nach Bedarf noch etwas Wasser oder Kichererbsenmehl dazugeben. Jeweils aus einem gehäuften Esslöffel Teig kleine Bällchen formen. Die Falafel in einer Pfanne in dem Öl schwimmend 4 – 5 Minuten goldbraun ausbacken, dabei hin und wieder wenden.
- Für den Dip die Tomaten fein hacken, dabei die Stielansätze entfernen. Die Paprikaschote und die Salatgurke ebenfalls ganz fein hacken. Das Gemüse in einer Schüssel zusammen mit den Kräutern, etwas Pfeffer, 2 Prisen Salz sowie der abgeriebenen Schale und dem Saft der Zitrone vermischen.
- Mit Salz und Pfeffer abschmecken.

Mexikanisches Kürbisgemüse mit goldgelber Polenta

für 4 Personen

für die Polenta:
1 l Wasser
150 g grobes Maismehl oder Maisgrieß
1 TL Meersalz
frisch gemahlener Pfeffer
1 Messerspitze Currypulver
6 EL natives Sonnenblumenöl oder Olivenöl

für das Gemüse:
1 mittelgroßer Hokkaidokürbis
1 grüne Paprikaschote
1 rote Paprikaschote
3 Tomaten
1 Zwiebel
3 EL natives Sonnenblumenöl
frisch gemahlener Pfeffer
1 Messerspitze Currypulver
½ TL edelsüßes Paprikapulver
1 EL gemahlener Kreuzkümmel
½ TL Chilipfeffer
1 TL Meersalz
200 g gegarter Gemüsemais

- Für die Polenta das Wasser zum Kochen bringen, das Maismehl (oder den Maisgrieß) sowie Salz, Pfeffer und Currypulver mit dem Schneebesen einrühren. Die Polenta unter Rühren köcheln lassen, mit zunehmendem Stocken statt des Schneebesens einen großen Löffel verwenden. So lange rühren, bis der Löffel in der Polenta stehen bleibt bzw. bis sich die Polenta am Rand vom Topf löst.
- Etwa 2 EL Öl unter die Polenta ziehen, mit Salz und Pfeffer abschmecken. Die Masse anschließend in einer mit 2 EL Öl bepinselten Springform (Durchmesser 20 cm) glatt ausstreichen.
- Die Polenta etwa 2 Stunden auskühlen lassen.
- Für das Kürbisgemüse den Kürbis halbieren, mit einem Löffel die Kerne entfernen und den Kürbis in etwa 2 cm große Würfel schneiden. Die Paprikaschoten halbieren, Stielansätze sowie Kerne entfernen und die Hälften klein schneiden. Die Tomaten in grobe Würfel schneiden, dabei die Stielansätze entfernen.
- Die geschälte und klein gehackte Zwiebel in einer Pfanne 2 – 3 Minuten mit dem Öl anschwitzen. Die Kürbiswürfel sowie die klein geschnittenen Paprika dazugeben und 3 – 4 Minuten mit anbraten. Anschließend die Gewürze, das Salz und die Tomatenwürfel hinzufügen. Alles zusammen etwa 10 Minuten köcheln lassen. Zuletzt den abgetropften Mais dazugeben und unter das Gemüse mischen.
- Während das Gemüse köchelt, die Polenta mit etwa 2 EL Öl bepinseln und für etwa 10 – 15 Minuten im Backofen unter dem Grill goldgelb bräunen. In Stücke schneiden und mit dem Kürbisgemüse servieren.

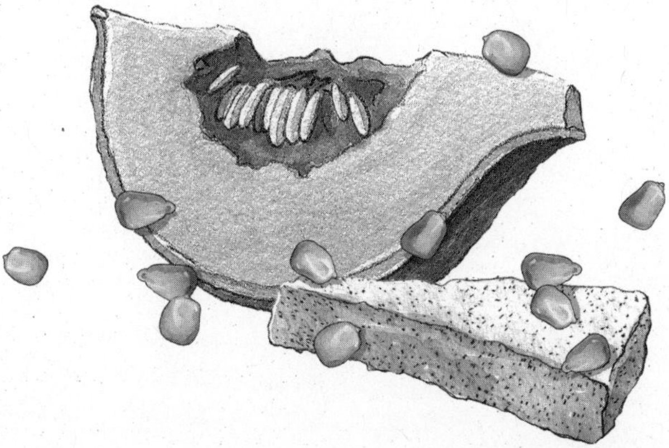

Tortillas mit Avocado-Tomaten-Salsa

für 4 Personen

für die Tortillas (Grundrezept):
110 g Maismehl
½ TL Weinsteinbackpulver
Meersalz
frisch gemahlener Pfeffer
2 TL vollfettes Sojamehl
2 EL natives Sonnenblumenöl
etwa ¼ l Wasser
Öl zum Braten
2 EL gehackte glatte Petersilie

für die Salsafüllung:
1 große Avocado
2 TL Zitronensaft
1 Bund Frühlingszwiebeln
2 Tomaten
1 kleine Salatgurke
½ – 2 frische Chilischoten (nach Belieben)
2 EL natives Olivenöl
frisch gemahlener Pfeffer
Meersalz

- Für die Tortillas Mehl und Backpulver in einer Schüssel vermischen, Salz, Pfeffer, Sojamehl, Öl und nach und nach soviel Wasser dazugeben, bis ein homogener Teig entstanden ist. Den Teig etwas ruhen lassen.
- Währenddessen für die Salsafüllung die Avocado längs halbieren, den Kern entfernen und das Fruchtfleisch herauslösen. Das Avocado-Fruchtfleisch in eine Schüssel geben, mit dem Zitronensaft beträufeln und mit einer Gabel zerdrücken.

- Die Frühlingszwiebeln in feine Streifen schneiden. Die Tomaten halbieren, die Stielansätze entfernen. Mit einem Teelöffel die Kerne herauslösen und die Tomaten in kleine Würfel schneiden. Die Salatgurke schälen und klein würfeln. Die Chilischoten entkernen und ganz fein schneiden.
- Alle vorbereiteten Gemüsezutaten für die Salsa mit dem Öl, Pfeffer sowie 2 – 3 Prisen Salz mit der Avocado vermischen und gut abschmecken. Die Füllung in der Schüssel abdecken.
- In einer beschichteten Pfanne 2 EL Öl erhitzen. Mit einer Schöpfkelle eine Teigportion verteilen, sodass der Boden vollständig bedeckt ist. Die Tortilla von beiden Seiten etwa 2 – 3 Minuten goldgelb anbraten. Wichtig dabei: Die Tortilla erst wenden, wenn sie sich in der Pfanne gut verschieben lässt.
- Nach und nach aus dem restlichen Teig weitere Tortillas ausbacken und auf einem Teller im auf etwa 80 °C vorgeheizten Backofen warm halten.
- Zum Anrichten jeweils eine Tortilla auf einen Teller geben. Zur Hälfte mit der Salsa bedecken und die andere Hälfte darüberklappen. Mit etwas gehackter Petersilie bestreuen.

Tipp: *Die Tortillas lassen sich beliebig mit anderen Füllungen zubereiten. Das Fladenbrot schmeckt aber auch pur als Beilage zu vielen (mexikanischen) Gerichten.*

Spanische Spinat-Kartoffel-Pfanne

für 4 Personen

100 g getrocknete Tomaten
600 g festkochende Kartoffeln
400 g Spinat
2 Knoblauchzehen
8 EL natives Olivenöl
1 Zwiebel
2 TL edelsüßes Paprikapulver
1 EL getrockneter Oregano
frisch gemahlener Pfeffer
1 Messerspitze – ½ TL Chilipfeffer
Meersalz
½ Bund Petersilie
½ Bund Schnittlauch

- Die getrocknete Tomaten in einer kleinen Schüssel mit etwas Wasser übergießen und etwa 30 Minuten einweichen.
- Die Kartoffeln mit der Schale in reichlich Wasser etwa 15 – 30 Minuten (je nach Größe) kochen. Danach die Kartoffeln kurz mit kaltem Wasser abschrecken, schälen und in etwa ½ cm dicke Scheiben schneiden.
- Den Spinat putzen und grob schneiden. Den Knoblauch schälen und in dünne Scheiben schneiden. Knoblauch in einem Topf in 2 EL Öl 2 – 3 Minuten anschwitzen. Den Spinat dazugeben und andünsten, dabei etwas zusammenfallen lassen. Den Topf von der Herdplatte nehmen.
- Die Zwiebel schälen und in feine Ringe schneiden. Kartoffelscheiben und Zwiebelringe in einer großen beschichteten Pfanne mit etwa 6 EL Olivenöl etwa 10 Minuten goldgelb anbraten.
- Die eingeweichten Tomaten abtropfen lassen, leicht ausdrücken und in kleine Streifen schneiden. Tomaten, 1 TL Paprikapulver, Oregano, etwas Pfeffer und Chilipfeffer (Menge nach Belieben) und 1 TL Salz zu den Kartoffeln in die Pfanne geben. Den gedünsteten Spinat vorsichtig darunterheben und gut mit den Kartoffeln vermischen.
- Die Kräuter fein schneiden und mit dem restlichen Paprikapulver über die Spinat-Kartoffel-Pfanne streuen. Mit Salz und Pfeffer abschmecken.

Marokkanisches Fenchelgemüse

für 4 Personen

12 kleine festkochende Kartoffeln
4 Knollen Fenchel
2 unbehandelte Zitronen
2 Knoblauchzehen
4 EL natives Olivenöl
200 ml Wasser
frisch gemahlener Pfeffer
1 Lorbeerblatt
Meersalz
3 EL schwarze Oliven
2 TL Rosinen

- Die ungeschälten Kartoffeln in einem Topf knapp mit Wasser bedecken und etwa 15 Minuten garen. Danach die Kartoffeln abgießen, kurz mit kaltem Wasser abschrecken und schälen.
- Beim Fenchel jeweils die äußeren Blätter, den Stängel und den Strunk entfernen, die Knollen der Länge nach achteln.
- Die Zitronen in 1 cm breite Scheiben schneiden, diese halbieren.
- Den Fenchel in einem Topf etwa 5 Minuten mit etwa 2 EL Olivenöl anbraten.
- Die Kartoffeln sowie den geschälten und längs halbierten Knoblauch hinzufügen und 1 – 2 Minuten mit anrösten. Anschließend mit dem Wasser ablöschen.
- Den Pfeffer, das Lorbeerblatt, etwas Salz und die Zitronenscheiben in den Topf dazugeben. Das Gemüse so lange garen, bis die Flüssigkeit ganz eingekocht ist.
- Das restliche Olivenöl zum Gemüse geben und alles so lange anbraten, bis die Kartoffeln eine goldgelbe Farbe bekommen haben.
- Zum Schluss die entsteinten und halbierten Oliven sowie die Rosinen mit dem Gemüse vermischen. Mit Salz und Pfeffer abschmecken

Westafrikanischer Paprika-Tomaten-Reis mit Zucchini

für 2 – 4 Personen

2 Zwiebeln
13 EL (etwa 200 ml) natives Olivenöl
250 g Langkorn-Vollkornreis
½ – 1 frische Chilischote
½ l Wasser
1 TL edelsüßes Paprikapulver
1 Messerspitze Currypulver
frisch gemahlener Pfeffer
Meersalz
1 rote Paprikaschote
2 gelbe Paprikaschoten
500 g Tomaten
1 Knoblauchzehe
2 mittelgroße Zucchini

- Die Zwiebeln schälen und fein hacken. In einem großen Topf etwa 1 EL Olivenöl erhitzen und die Hälfte der Zwiebelwürfel darin anschwitzen. Den Reis sowie die fein gehackte und entkernte Chilischote zugeben und kurz anschwitzen. Mit dem Wasser ablöschen und aufkochen. Die Gewürze sowie ½ TL Meersalz dazugeben, gut vermischen und den Reis etwa 30 Minuten bei niedriger Temperatur quellen lassen. Mit Salz und Pfeffer abschmecken.
- Die Paprikaschoten halbieren, Stielansätze sowie Kerne entfernen und die Hälften in schmale Längsstreifen schneiden.
- Die Tomaten in grobe Würfel schneiden, dabei die Stielansätze entfernen. Knoblauch schälen und fein hacken. Gemüse und Knoblauch mit dem Reis vermischen. Nochmals mit Salz und Pfeffer abschmecken.
- Eine Auflaufform mit 2 EL Öl einfetten. Den Backofen auf 200 °C vorheizen.
- Die Zucchini längs in etwa ½ cm dicke Scheiben schneiden. Die Reis-Gemüse-Mischung in die Auflaufform geben und mit den Zucchinischeiben bedecken. Danach mit einer Prise Salz und etwas Pfeffer würzen. Etwa 10 EL Öl darüberträufeln und den Reis etwa 10 – 15 Minuten auf der mittleren Schiene im Backofen backen. Die Zucchinischeiben sollten goldgelb gebräunt sein.

Mediterrane Peperonata

für 4 Personen

2 große Zwiebeln
6 EL natives Olivenöl
2 rote Paprikaschoten
2 gelbe Paprikaschoten
1 Knolle Fenchel
4 Tomaten
1 rote Peperoni
Meersalz
frisch gemahlener Pfeffer
1 Knoblauchzehe
1 Bund glatte Petersilie oder mediterrane Kräuter

- Die Zwiebeln schälen und in feine Ringe schneiden, danach im Öl in einer großen Pfanne etwa 5 Minuten anschwitzen.
- Die Paprikaschoten halbieren, Stielansätze sowie Kerne entfernen und die Hälften in feine Längsstreifen schneiden. Den Fenchel in Scheiben schneiden, dabei den Stängel und den Strunk entfernen. Die Tomaten in kleine Würfel schneiden, dabei die Stielansätze entfernen.
- Paprika und Fenchel zu den Zwiebeln in die Pfanne geben und für etwa 3 Minuten mit anbraten. Die Tomaten sowie die fein gehackte Peperoni dazugeben und weitere 5 Minuten anbraten.
- Das Gemüse mit etwa 3 Prisen Salz und etwas Pfeffer würzen. Danach die geschälte und fein gehackte Knoblauchzehe sowie die grob geschnittene Petersilie (nach Belieben auch mediterrane Kräuter) dazugeben.
- Alle Zutaten gut miteinander vermischen und nochmals mit Salz und Pfeffer abschmecken.

Tipps: *Als warmes Gericht schmeckt die Peperonata beispielsweise wunderbar zu Thymian- oder Rosmarinreis (dazu Vollkornreis mit ½ TL Rosmarin oder Thymian garen lassen), zu gekochter Hirse oder Quinoa und zu Vollkornnudeln oder Bratkartoffeln …*
Kalte Peperonata lässt sich wunderbar als Antipasti servieren. Dazu nach Belieben noch mit 1 EL Balsamico-Essig verfeinern.

Paprikareis und gefüllte Champignons

für 2 Personen

für den Reis:
200 g Langkorn-Vollkornreis
1 TL edelsüßes Paprikapulver
frisch gemahlener Pfeffer
1 Messerspitze Currypulver
½ TL Meersalz
3 EL natives Olivenöl

für die gefüllten Champignons:
8 Champignons
7 – 8 EL natives Olivenöl
80 g Pinienkerne
½ Bund Basilikum
2 Knoblauchzehen
2 Scheiben Zucchini
Meersalz
frisch gemahlener Pfeffer

- Den Reis in einen Topf mit der doppelten Menge kochendem Wasser geben und etwa 40 Minuten bei niedriger Temperatur garen. Nach etwa 30 Minuten Kochzeit die Gewürze, das Salz und das Öl dazugeben, kurz umrühren und den Reis zu Ende garen.
- In der Zwischenzeit die Stiele der Champignons herausdrehen oder mit einem spitzen Messer entfernen und beiseite legen.

- Die Champignons säubern und kopfüber in einer beschichteten Pfanne in 2 – 3 EL Olivenöl etwa 5 Minuten anschwitzen. Dabei die Pfanne mit einem Deckel abdecken. Die Pfanne anschließend von der Herdplatte nehmen und die Pilze abkühlen lassen.
- Für die Pestofüllung die Pinienkerne in einer trockenen Pfanne rösten.
- Das Basilikum grob schneiden und zusammen mit den Champignonstielen, den Pinienkernen, dem geschälten Knoblauch, den Zucchinischeiben sowie dem restlichen Öl in ein hohes Gefäß geben und gut mit dem Pürierstab durchmixen. Mit Salz und Pfeffer abschmecken.
- Die Champignons aus der Pfanne nehmen und jeweils mithilfe eines Teelöffels mit etwas Pesto füllen. Den gegarten Reis auf Teller verteilen und jeweils vier gefüllte Champignons in die Mitte setzen.

Bodenständiges

Bohnen-Tomaten-Gemüse mit Thymianreis

für 4 Personen

400 g Langkorn-Vollkornreis
8 EL natives Olivenöl
½ TL frischer oder getrockneter Thymian
Meersalz
400 g grüne Bohnen
1 große Zwiebel
500 g Tomaten
frisch gemahlener Pfeffer
1 Messerspitze Currypulver
etwas frisch geriebene Muskatnuss
1 TL getrocknetes Basilikum
1 Knoblauchzehe
½ Bund Basilikum

- Den Reis in einem Topf mit 3 EL Öl etwa 1 Minute rösten, bis er zu duften beginnt. Dann mit etwa der doppelten Menge Wasser ablöschen. Den zwischen den Fingern zerriebenen Thymian dazugeben und den Reis bei niedriger Temperatur 40 – 45 Minuten garen. Nach ungefähr 30 Minuten etwa 1 glatt gestrichenen TL Salz dazugeben.
- Die grünen Bohnen putzen, halbieren und in einem Topf mit ausreichend Wasser (die Bohnen sollten bedeckt sein) etwa 3 Minuten kochen, abgießen und mit kaltem Wasser abschwenken. So bleibt die grüne Farbe erhalten.
- Die Zwiebel schälen, fein hacken und in einer Pfanne in etwa 3 EL Öl gut 3 Minuten anschwitzen. Die Tomaten klein würfeln, dabei die Stielansätze entfernen, und zur Zwiebel geben. Die Gewürze, das Basilikum sowie ½ TL Salz dazugeben und etwa 5 Minuten köcheln lassen. Anschließend die Bohnen hinzufügen und nochmals für weitere 3 – 5 Minuten köcheln, die Bohnen sollten noch bissfest sein.
- Den Knoblauch schälen, fein hacken und zum Tomaten-Bohnen-Gemüse geben. Das restlichen Öl darunterrühren. Danach mit Salz und Pfeffer abschmecken.
- Das Gemüse zusammen mit dem Reis auf vorgewärmten Tellern servieren. Mit den fein gehackten Basilikumblättern bestreuen.

Auberginen mit Tomaten-Kräuter-Sauce und Reis

für 3 – 4 Personen

200 – 250 g Basmatireis
Meersalz
1 Zwiebel
1 Knoblauchzehe
3 EL natives Olivenöl
2 Tomaten
1 rote Paprikaschote
100 ml Wasser
2 EL Balsamico-Essig
1 TL frischer Oregano
1 TL frischer Rosmarin
1 TL frische, gehackte Basilikumblätter
frisch gemahlener Pfeffer
1 Messerspitze Currypulver
½ TL edelsüßes Paprikapulver
4 schmale Auberginen
100 ml natives Olivenöl zum Anbraten
1 Bund Basilikum

- Den Basmatireis in die doppelte Menge kochendes Wasser geben und etwa 20 Minuten bei niedriger Temperatur garen. Nach der Hälfte der Kochzeit ½ TL Salz dazugeben und mit dem Reis verrühren.
- Die Zwiebel sowie den Knoblauch schälen, klein hacken und in einem Topf 2 – 3 Minuten mit dem Öl anschwitzen.
- Die Tomaten und die Paprikaschote in kleine Würfel schneiden, die Stielansätze dabei entfernen, die Paprika auch entkernen. Tomaten- und Paprikawürfel zur Zwiebel geben und 1 – 2 Minuten mitdünsten.
- Das Gemüse mit dem Wasser ablöschen und knapp 10 Minuten köcheln lassen. Anschließend den Balsamico-Essig, die Kräuter, Gewürze und etwa ½ TL Salz dazugeben. Den Herd abschalten und den Topf noch für 1 – 2 Minuten stehen lassen. Das Gemüse mit Salz und Pfeffer abschmecken.

- Währenddessen die Auberginen der Länge nach halbieren, die Stielansätze entfernen und die Auberginenhälften in etwa ½ cm dicke Scheiben schneiden. Das Olivenöl in einer beschichteten Pfanne erhitzen und die Auberginenscheiben goldbraun anbraten.
- Zum Anrichten jeweils etwas Reis auf die Hälfte des vorgewärmten Tellers geben. Die Auberginen danebenlegen und die Sauce mittig über den Reis und die Auberginen löffeln. Vor dem Servieren mit den klein gezupften Basilikumblättern bestreuen.

Kartoffelpfanne mit frittiertem Tofu

für 4 Personen

8 festkochende Kartoffeln
8 EL natives Olivenöl
1 rote Zwiebel
2 Knoblauchzehen
400 g Champignons
Meersalz
½ TL frisch gemahlener Pfeffer
400 g Tofu
100 ml natives Sonnenblumenöl
½ Bund glatte Petersilie

- Die Kartoffeln schälen und in große Stücke schneiden. Das Olivenöl in einer beschichteten Pfanne erhitzen und die Kartoffeln darin etwa 10 Minuten goldgelb anbraten.
- Die Zwiebel schälen und in feine Scheiben schneiden. Den Knoblauch schälen und fein hacken. Die Champignons putzen und in Scheiben schneiden. Die Kartoffeln aus der Pfanne nehmen, die Zwiebel, Champignons und den Knoblauch 3 – 5 Minuten im restlichen Öl in der Pfanne anschwitzen. Danach die Kartoffeln wieder dazugeben, alles gut vermischen sowie mit Salz und Pfeffer abschmecken.
- Den Tofu in etwa 2 cm große Würfel schneiden und in einer zweiten Pfanne in dem Sonnenblumenöl goldgelb frittieren. Den frittierten Tofu aus der Pfanne nehmen und auf mehreren Lagen Küchenkrepp kurz abtropfen lassen.
- Die Kartoffelpfanne und die Tofuwürfel vermischen, mit Salz und Pfeffer abschmecken und mit der grob gehackten Petersilie bestreuen.

Tipp: *Je nach Geschmack können noch 2 – 3 Prisen edelsüßes Paprikapulver oder Chilipfeffer darübergestreut werden. Macht sich auch farblich sehr gut!*

Pilze auf Tomaten-Kürbis-Hirse

für 2 – 4 Personen

1 mittelgroßer Hokkaidokürbis
1 Zwiebel
2 Knoblauchzehen
14 EL (gut 200 ml) natives Sonnenblumenöl
300 g Hirse
etwa 700 ml Wasser
2 Messerspitzen Currypulver
frisch geriebene Muskatnuss
frisch gemahlener Pfeffer
Meersalz
1 kleine Stange Lauch
300 g Champignons
2 Fleischtomaten

- Den Hokkaidokürbis halbieren, die Kerne entfernen und das Fruchtfleisch mit der Schale grob raspeln.
- Die Zwiebel und den Knoblauch schälen, fein hacken und in einem großen Topf in etwa 2 EL Sonnenblumenöl anschwitzen. Den geraspelten Kürbis hinzufügen und ebenfalls für etwa 5 Minuten mit anschwitzen. Die Hirse zum Kürbis geben, mit dem Wasser aufkochen. Die Gewürze und ½ TL Salz dazugeben, vermischen und die Hirse-Kürbis-Mischung etwa 30 Minuten quellen lassen. Danach noch einmal mit Salz und Pfeffer abschmecken.
- Währenddessen den Lauch putzen und in feine Streifen schneiden. Die Champignons säubern, die Stiele herausdrehen und die Pilzstiele in Streifen schneiden. Eine Auflaufform mit etwa 2 EL Öl einfetten und die Hirse-Kürbis-Mischung hineingeben. Die Hälfte der Lauchstreifen und die zerkleinerten Pilzstiele darüberstreuen.
- Die Fleischtomaten halbieren, die Stielansätze entfernen und die Tomaten in etwa 1 cm dicke Scheiben schneiden. Die Tomatenscheiben über der Hirse verteilen. Die Champignons kopfüber auf die Tomaten geben. Den Rest des Lauchs darüberstreuen und alles mit Salz und Pfeffer würzen. Zuletzt mit 10 EL Sonnenblumenöl beträufeln.
- Die Auflaufform in den auf 180 °C vorgeheizten Backofen stellen und die Tomaten-Kürbis-Hirse etwa 20 Minuten backen.

Geschmortes Kraut mit Rosmarinkartoffeln

für 4 Personen

1 kg vorwiegend festkochende Kartoffeln
etwa 7 EL natives Sonnenblumen- oder Olivenöl
½ TL getrockneter Rosmarin
Meersalz
frisch gemahlener schwarzer Pfeffer
1 mittelgroßer Weißkohl oder Spitzkohl
1 Zwiebel
1 Messerspitze Currypulver
½ TL gemahlener Kreuzkümmel
100 ml Wasser

- Die Kartoffeln gründlich bürsten und halbieren. Mit der Schnittseite nach unten auf ein mit 2 EL Öl eingefettetes Backblech setzen und den Rosmarin darüberstreuen. Die Kartoffeln mit 3 – 4 Prisen Salz und etwas Pfeffer würzen, 2 EL Öl gleichmäßig darüberträufeln.
- Die Rosmarinkartoffeln im auf 200 °C vorgeheizten Backofen auf der mittleren Schiene etwa 45 Minuten backen. Die Kartoffeln sollten goldbraun, außen leicht knusprig und innen weich sein. Stechen Sie einfach zur Probe mit dem Messer in eine Kartoffel hinein.
- In der Zwischenzeit vom Kohl die äußeren Blätter entfernen, den Kohlkopf halbieren, den Strunk herausschneiden und den Kohl in etwa 2 cm breite Streifen schneiden.
- Die Zwiebel schälen, klein hacken und in einer großen Pfanne etwa 3 Minuten in etwa 3 EL Öl anschwitzen. Danach die Kohlstreifen dazugeben und für weitere 10 Minuten mit anschwitzen. Die Gewürze und etwa ½ TL Salz dazugeben, mit dem Wasser ablöschen.
- Das geschmorte Kraut bei geschlossenem Deckel und unter gelegentlichem Umrühren etwa 10 Minuten garen. Zum Schluss den Deckel abnehmen und noch ganz leicht bräunen. Mit Salz und Pfeffer abschmecken und zu den Rosmarinkartoffeln servieren.

Kürbis-Kartoffel-Pfannkuchen

für 4 Personen

250 g mehligkochende Kartoffeln
250 g Hokkaidokürbis
4 Frühlingszwiebeln
90 g Kartoffelstärke
1 Messerspitze gemahlener Kreuzkümmel
1 Messerspitze Currypulver
2 Messerspitzen frisch geriebene Muskatnuss
Meersalz
frisch gemahlener Pfeffer
natives Sonnenblumenöl zum Braten

- Die Kartoffeln mit der Schale in einem Topf mit Wasser bedecken und etwa 30 Minuten garen. Anschließen kurz mit kaltem Wasser abschrecken und pellen. Den Kürbis entkernen, in etwa 2 cm große Würfel schneiden und in einem Topf mit etwas Wasser etwa 15 Minuten weich dünsten.
- Die Kartoffeln und den Kürbis in einer Schüssel mit dem Kartoffelstampfer zerdrücken. Die in schmale Streifen geschnittenen Frühlingszwiebeln, die Stärke, Gewürze und ½ TL Salz gut mit dem Teig vermischen. Gegebenenfalls noch etwas Wasser zugeben, bis ein homogener Teig entstanden ist. Mit Salz und Pfeffer abschmecken.
- In einer beschichteten Pfanne etwa 2 EL Öl erhitzen und pro Pfannkuchen 1 EL Teig in die Pfanne geben. So können mehrere Pfannkuchen gleichzeitig nebeneinander ausgebacken werden. Die kleinen Pfannkuchen auf jeder Seite 2 – 3 Minuten goldgelb braten.
- Auf diese Weise den ganzen Teig zu Pfannkuchen verarbeiten. Die fertigen Pfannkuchen im Backofen bei etwa 80 °C warm halten.

Tipp: Dazu eignet sich ganz wunderbar der Blumenkohlsalat (siehe Seite 28) als Beilage oder jeder andere Blatt- oder Rohkostsalat.

Kürbisrösti mit Krautsalat

für 2 Personen

für den Salat:
½ kleiner Rotkohl
½ kleiner Weißkohl oder Spitzkohl
½ TL Meersalz
1 kleine Zwiebel
4 EL Balsamico-Essig
4 EL natives Olivenöl
frisch gemahlener Pfeffer

für das Rösti:
3 vorwiegend festkochende Kartoffeln
200 g Hokkaidokürbis
1 kleine Zwiebel
1 Knoblauchzehe
¼ Stange Lauch
1 Peperoni
3 EL natives Olivenöl
frisch gemahlener Pfeffer
1 Prise getrockneter Thymian
½ TL Meersalz
2 – 3 EL natives Sonnenblumenöl

- Vor der Zubereitung des Röstis für den Salat bei den Kohlhälften jeweils den Strunk keilförmig herausschneiden und den halben Kohlkopf noch einmal halbieren. Den Rot- und Weißkohl in feine Querstreifen schneiden.
- Die Kohlstreifen mit dem Salz in eine große Schüssel geben, gut miteinander vermischen und etwa 5 Minuten kräftig durchkneten, bis sie spürbar geschmeidiger sind.
- Die Zwiebel schälen und fein würfeln. Zwiebelwürfel, den Essig und das Öl sowie etwa 4 EL Wasser und etwas Pfeffer zum Kohl geben. Alles gut miteinander vermischen. Der Salat sollte mindestens 30 Minuten, besser noch 2 – 3 Stunden abgedeckt ziehen.

- Für das Rösti die Kartoffeln schälen und fein raspeln. Den Hokkaidokürbis entkernen und in 1 – 2 cm große Würfel schneiden. Die Zwiebel sowie den Knoblauch schälen und fein hacken. Den Lauch in etwa 1 cm breite Streifen schneiden. Die Peperoni entkernen und fein hacken.
- Die Kartoffeln, den Lauch, die Zwiebel und den Knoblauch, die Peperoni sowie etwas Pfeffer, Thymian und Salz gut miteinander vermischen. Die Kürbiswürfel in einer beschichteten Pfanne in dem Öl etwa 5 Minuten anbraten. Anschließend die Kartoffel-Lauch-Mischung dazugeben und zusammen flach in der Pfanne ausstreichen. Das Rösti auf jeder Seite etwa 5 Minuten goldgelb anbraten. Zum Wenden auf einen Teller geben, mit einem zweiten Teller abdecken, drehen und wieder in die Pfanne gleiten lassen.

Tipp: *Rösti und Salat passen auch gut zu vielen anderen Gerichten. Für ein Buffet können Sie den Salat mit der doppelten Rezeptmenge zubereiten.*

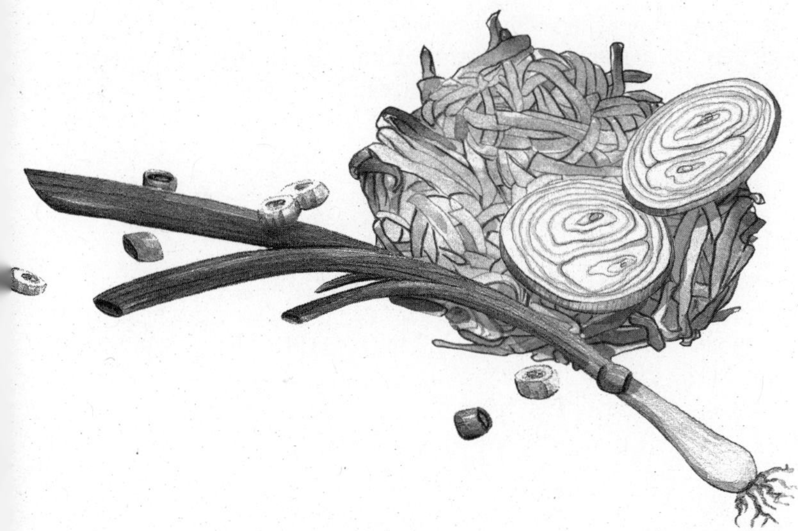

Kartoffelpuffer mit Apfelmus

für 4 Personen

für das Apfelmus:
800 g – 1 kg Äpfel
100 ml Wasser
½ TL Zimtpulver
1 EL Agavendicksaft nach Belieben

für die Kartoffelpuffer:
600 g vorwiegend festkochende Kartoffeln
3 EL Kartoffelstärke
1 große Zwiebel
frisch gemahlener Pfeffer
etwas frisch geriebene Muskatnuss
1 TL Meersalz
100 – 150 ml natives Sonnenblumenöl

- Für das Apfelmus die Äpfel jeweils schälen, vierteln und das Kerngehäuse entfernen. Äpfel in kleine Würfel schneiden und in einem Topf mit dem Wasser bei niedriger Temperatur etwa 15 Minuten köcheln lassen. Während des Garens das Zimtpulver und nach Belieben den Agavendicksaft dazugeben. Apfelmus noch warm oder abgekühlt zu den Kartoffelpuffern reichen.
- Für die Puffer die Kartoffeln schälen, fein raspeln und leicht ausdrücken, sodass der Saft abtropfen kann. Anschließend Kartoffeln in einer Schüssel mit der Stärke, der geschälten und klein gehackten Zwiebel, den Gewürzen und dem Salz gut vermengen.
- In einer beschichteten Pfanne etwa 3 EL Öl erhitzen und pro Kartoffelpuffer 2 EL Kartoffelmasse in die Pfanne geben und etwas flach streichen. Bitte geben Sie gerade so viele Kartoffelpuffer auf einmal in die Pfanne, dass diese genügend Platz und Öl haben, um goldgelb auszubacken. Auf beiden Seiten jeweils 2 – 3 Minuten braten und sofort servieren.

Kräuterpfannkuchen mit Champignons

für 4 Personen

350 g Hirsemehl
500 – 600 ml Wasser
1 TL vollfettes Sojamehl
1 Prise Currypulver
frisch gemahlener Pfeffer
Meersalz
½ Bund glatte Petersilie
250 g Champignons
50 ml (3 – 4 EL) natives Sonnenblumenöl

- In einer Schüssel das Mehl zusammen mit dem in das Wasser eingerührte Sojamehl, den Gewürzen, 1 TL Salz und der fein gehackten Petersilie gut verrühren.
- Die Champignons mit einem Pinsel säubern, in dünne Scheiben schneiden und mit dem Pfannkuchenteig vermischen.
- Das Öl in einer beschichteten Pfanne erhitzen und den Teig portionsweise mit einer Schöpfkelle so darin verteilen, dass der Boden vollständig bedeckt ist. Den Pfannkuchen jeweils auf beiden Seiten 2 – 3 Minuten goldgelb braten.
- Wichtig: Wenden Sie den Pfannkuchen erst, wenn er sich in der Pfanne gut verschieben lässt. Ob Sie die Pfannkuchen unspektakulär wenden oder gekonnt einen Salto in der Luft schlagen lassen, bleibt ganz Ihnen überlassen. Falls Sie Gäste erwarten, sollten Sie Letzteres vorher schon geübt haben oder ein »Gemeinschaftsevent« daraus machen. Eventuell auch das Putzen danach ...
- Die bereits fertigen Pfannkuchen lassen sich gut auf einem Teller im auf etwa 80 °C vorgeheizten Backofen warm halten.

Tipps: *Dazu passt beispielsweise wunderbar der mediterrane Linsensalat (siehe Seite 23) oder ein bunter Rohkostsalat. Sollten Pfannkuchen übrig bleiben, können diese in feine Streifen geschnitten als Einlage mit etwa ½ l Gemüsebrühe (siehe Grundrezept Seite 70) für eine vegane »Schwäbische Flädlesuppe« oder »Österreichische Frittatensuppe« verwendet werden.*

Maisbratlinge auf gemischtem Blattsalat

für 4 Personen

für die Bratlinge:
1 gegarte Kartoffel (vom Vortag)
½ TL Weinsteinbackpulver
150 g Maismehl
frisch gemahlener Pfeffer
3 Messerspitzen gemahlener Kreuzkümmel
1 Messerspitze Chilipfeffer (Menge nach Belieben)
Meersalz
150 ml Wasser
250 g gegarter Gemüsemais
natives Sonnenblumenöl zum Braten

für den Salat:
1 grüner Eichblattsalat
1 kleiner Radicchio
1 Handvoll Rucola
1 unbehandelte Zitrone
4 EL natives Olivenöl
Meersalz
2 EL gehackte Korianderblätter

- Für die Bratlinge die gegarte und geschälte Kartoffel in einer Schüssel mit einer Gabel zerdrücken. Kartoffel mit dem mit Backpulver vermischten Mehl, den Gewürzen und 3 Prisen Salz sowie dem Wasser zu einem Teig verrühren. Anschließend den abgetropften Mais daruntermischen.
- In einer beschichteten Pfanne etwa 2 EL Öl erhitzen und pro Bratling jeweils 1 EL Teig in die Pfanne geben. Mit dem Löffel etwas glatt streichen. Die Bratlinge auf jeder Seite 2 – 3 Minuten goldgelb braten. Auf diese Weise den ganzen Teig zu Bratlingen ausbacken. Die fertigen Maisbratlinge im auf etwa 100 °C vorgeheizten Backofen warm stellen.

- Für den Salat die Salatköpfe und den Rucola putzen und in mundgerechte Stücke zerteilen.
- Für das Dressing die Zitronenschale in Zesten abziehen (oder abreiben) und die halbe Zitrone auspressen. Zitronenschale und Zitronensaft in einer Schüssel mit dem Öl, etwas Salz sowie den Korianderblättern gut vermischen.
- Den Salat mit dem Dressing anmachen, mit Salz abschmecken und auf vier Teller verteilen. Die Maisbratlinge jeweils auf das Salatbett setzen. (Die Menge auf den Tellern richtet sich nach Ihrem Geschmack und Hunger.)

Gemüsebratlinge mit Zuckerschotensalat

für 2 Personen

für die Gemüsebratlinge:
400 g Kartoffeln
2 mittelgroße Zucchini
1 Karotte
1 Stange Lauch
2 EL Kartoffelstärke
frisch gemahlener Pfeffer
1 Messerspitze frisch geriebene Muskatnuss
Meersalz
1 Knoblauchzehe
50 – 100 ml Sonnenblumenöl

für den Salat:
200 g Zuckerschoten
1 rote Paprikaschote
250 g Kirschtomaten
50 g Brunnenkresse (oder Rucola)
4 Blätter Eichblattsalat
4 Blätter Kopfsalat
½ Knoblauchzehe
4 EL natives Sonnenblumenöl
4 EL Zitronensaft
Meersalz
frisch gemahlener Pfeffer

- Für die Gemüsebratlinge die Kartoffeln schälen, Zucchini und Karotte putzen und alles fein raspeln. Den Saft aus dem Gemüse etwas ausdrücken und abgießen. Den Lauch putzen, in ganz dünne Streifen schneiden.
- Das fein geraspelte Gemüse sowie die Lauchstreifen mit der Kartoffelstärke, den Gewürzen, ½ TL Salz und dem geschälten und fein gehackten Knoblauch gut zu einem Teig vermischen.

- In einer beschichteten Pfanne etwa 2 EL Öl erhitzen und pro Gemüsebratling 1 EL Teig in die Pfanne geben. Mit dem Löffel etwas glatt streichen. Den Gemüsebratling auf jeder Seite 2 – 3 Minuten goldgelb anbraten. Auf diese Weise den ganzen Teig zu Bratlingen verarbeiten, die bereits fertigen im vorgeheizten Backofen bei 100 °C warm stellen.
- Für den Salat die Zuckerschoten putzen und schräg in 3 cm große Stücke schneiden. Die Paprikaschote halbieren, Stielansatz und Kerne entfernen sowie die Paprikahälften fein würfeln. Die Zuckerschoten mit den Kirschtomaten, den Paprikawürfeln, der Kresse sowie dem in mundgerechte Stücke zerteilten Salat in eine Schüssel geben.
- Für das Dressing den Knoblauch schälen, fein hacken und mit dem Öl, dem Zitronensaft, 2 Prisen Salz und etwas Pfeffer verrühren. Kurz vor dem Servieren den Salat mit dem Dressing vermischen. Den Zuckerschotensalat mit Salz und Pfeffer abschmecken und mit den Bratlingen servieren.

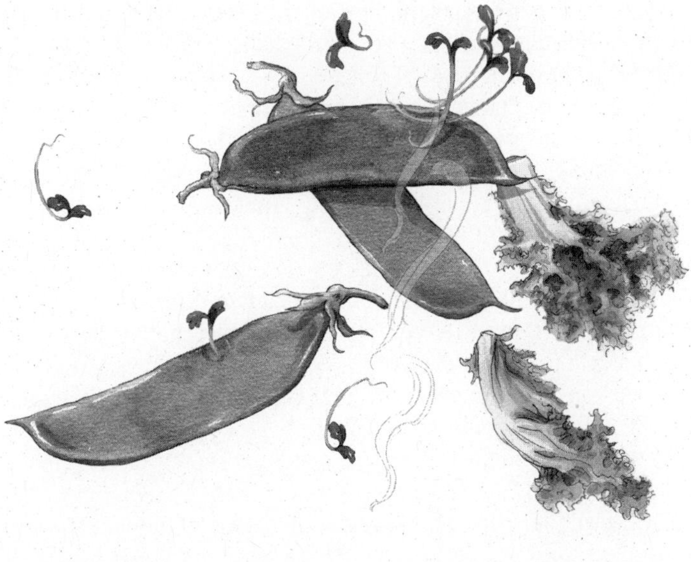

Mandelbrokkoli auf Rosmarinhirse

für 4 Personen

300 g Hirse
Meersalz
1 EL frischer oder 1 TL getrockneter Rosmarin
1 Messerspitze Kurkumapulver
frisch gemahlener Pfeffer
4 EL Mandelblättchen
2 EL Sesamsamen
3 EL natives Sonnenblumenöl
1 Zwiebel
1 Knoblauchzehe
1 großer Brokkoli
1 TL gemahlener Koriander
1 TL gehackter Ingwer
2 TL natives Sesamöl

- Die Hirse in einen Topf mit gut der doppelten Menge Wasser streuen, erhitzen und bei niedriger Temperatur etwa 30 Minuten garen. Nach der Hälfte der Kochzeit 1 glatt gestrichenen TL Salz, den Rosmarin, das Kurkumapulver und etwas Pfeffer dazugeben.
- In einer trockenen Pfanne die Mandelblättchen sowie den Sesam etwa 1 Minute leicht anbräunen und dann beiseite stellen.
- Das Öl in einer großen Pfanne erhitzen. Die Zwiebel und den Knoblauch schälen, klein hacken und etwa 3 Minuten im Öl anschwitzen.
- Den Brokkoli in kleine Röschen zerteilen, die Stiele etwas einschneiden (größere Stiele schälen), um die Garzeit zu verkürzen, und den Brokkoli kurz in der Pfanne anbraten. Den Koriander, etwas Salz und Pfeffer hinzufügen, mit 1 kleinen Tasse (etwa 50 ml) Wasser ablöschen und das Gemüse bei geschlossenem Pfannendeckel 5 – 10 Minuten dünsten.
- Den Deckel von der Pfanne nehmen und eventuell noch vorhandene Flüssigkeit einkochen lassen.
- Den Ingwer, die Mandelblättchen und den Sesam sowie das Sesamöl zum Brokkoli geben. Mit Salz und Pfeffer abschmecken.
- Das Gemüse mit der Hirse auf vorgewärmten Tellern anrichten.

Würzige Paprikanudeln mit Cashewnüssen

für 2 Personen

1 Zwiebel
5 EL natives Sonnenblumenöl
100 g Cashewnüsse
2 Stangen Staudensellerie
1 rote Paprikaschote
1 gelbe Paprikaschote
3 frische rote Chilischoten
4 Frühlingszwiebeln
frisch gemahlener Pfeffer
1 TL edelsüßes Paprikapulver
1 Messerspitze Currypulver
Meersalz
1 TL Tomatenmark
5 EL Wasser
200 – 250 g Maisnudeln

- Die Zwiebel schälen, fein hacken und in dem Öl in einer großen Pfanne kurz anschwitzen.
- Die Cashewnüsse etwa 5 Minuten mit anrösten.
- Den Sellerie putzen, in feine Scheiben schneiden. Die Paprikaschoten und die Chilischoten halbieren, Kerne und Stielansätze entfernen. Paprika und Chili in feine Streifen schneiden. Frühlingszwiebeln putzen und in feine Ringe schneiden.
- Die Selleriescheiben in die Pfanne dazugeben, nach und nach auch zerkleinerte Paprika, Chilis und Frühlingszwiebeln. Alles zusammen etwa 5 Minuten in der Pfanne mit anbraten. Die Gewürze, ½ TL Salz sowie das Tomatenmark dazugeben und mit dem Wasser ablöschen. Alles gut miteinander vermischen.
- Währenddessen die Nudeln in reichlich Wasser etwa 8 Minuten (je nach Packungsangabe) bissfest garen und in ein Sieb abgießen. Die noch heißen Nudeln in die Pfanne zum Paprikagemüse geben und gut vermischen. Mit Salz und Pfeffer abschmecken.

Leckeres Gemüse auf orientalischem Hirsebett

für 4 Personen

2 Zwiebeln
11 EL (etwa 150 ml) natives Sonnenblumenöl
200 g Hirse
Meersalz
1 TL Kurkumapulver
2 Karotten
½ kleiner Hokkaidokürbis
1 mittelgroßer Zucchino
1 Pastinake oder Kohlrabi
1 kleiner Blumenkohl
frisch gemahlener Pfeffer
2 – 3 Messerspitzen Chilipulver
100 ml Wasser
200 g Champignons
1 Knoblauchzehe
2 TL gehackter Ingwer
1 Bund Schnittlauch

- Die Zwiebeln schälen und fein hacken. Die Hälfte der Zwiebeln in einem Topf in 3 EL erhitztem Öl etwa 5 Minuten anschwitzen. Dann die Hirse dazugeben, mit etwa ½ l Wasser ablöschen und bei niedriger Temperatur etwa 30 Minuten quellen lassen. Am Ende der Garzeit ½ TL Salz, ½ TL Kurkumapulver und 5 EL Öl unter die Hirse mischen.
- Die restlichen klein gehackten Zwiebeln in einem zweiten Topf in 3 EL erhitztem Öl anschwitzen. Die Karotten, den Kürbis sowie den Zucchino putzen und fein würfeln, Pastinake schälen und ebenfalls fein würfeln. Blumenkohl in kleine Röschen zerteilen. Das zerkleinerte Gemüse zu den Zwiebeln geben und etwa 5 Minuten mit andünsten. Dann Pfeffer, Chili, das restliche Kurkumapulver und etwa ½ TL Salz hinzufügen. Mit dem Wasser ablöschen und das Gemüse für etwa 10 Minuten garen.

- Die Champignons säubern und ganz feine Scheiben schneiden. Den Knoblauch schälen, fein hacken und mit Pilzen und Ingwer zum Gemüse geben. Alles gut miteinander vermischen und mit Salz und Pfeffer abschmecken.
- Zum Anrichten die Hirse auf eine vorgewärmte Platte geben und das Gemüse darauf verteilen. Danach den Schnittlauch in etwa 10 cm lange Stängel schneiden und fächerförmig darauf ausbreiten.

Kohlroulade mit pikanter Reisfüllung

für 4 Personen

für die Füllung:
300 g Vollkorn-Rundkornreis
1 Zwiebel
3 Frühlingszwiebeln
1 Karotte
1 Stange Staudensellerie
2 EL natives Olivenöl
2 EL Tomatenmark
frisch gemahlener Pfeffer
1 TL gemahlener Kreuzkümmel
2 – 3 Messerspitzen frisch geriebene Muskatnuss
1 Messerspitze Currypulver
Meersalz
1 Knoblauchzehe

6 große Weißkohlblätter
¼ l trockener Weißwein
150 ml Wasser
2 EL Mandelblättchen
4 EL natives Olivenöl
frisch gemahlener Pfeffer
Meersalz
1 EL gehackte Petersilie

- Für die Füllung den Reis in einen Topf mit gut der doppelten Menge Wasser (etwa 600 ml) geben, zum Kochen bringen und bei niedriger Temperatur etwa 40 Minuten bissfest garen.
- Währenddessen die Zwiebel schälen und klein hacken. Die Frühlingszwiebeln in feine Ringe schneiden. Die Karotte fein würfeln und die Selleriestange in feine Streifen schneiden. Dann die Zwiebeln und das Gemüse in einer großen Pfanne in dem Öl etwa 3 Minuten anschwitzen. Das Tomatenmark, die Gewürze und etwa ½ TL Salz dazugeben. Mit etwa 450 ml Wasser ablöschen und das Gemüse etwa 5 Minuten köcheln lassen.

- Den gegarten Reis zum Gemüse geben, gut vermischen und etwas abkühlen lassen. Den geschälten und fein gehackten Knoblauch unter den Gemüsereis mischen und mit Salz und Pfeffer abschmecken.
- Die Weißkohlblätter in einem Topf mit Wasser etwa 2 Minuten blanchieren, mit kaltem Wasser abspülen, abtropfen lassen und die harte Stiele entfernen.
- Die Kohlblätter nebeneinander auf ein feuchtes Geschirrtuch (oder ein großes Stück Frischhaltefolie) legen, sodass sie sich an den Rändern etwa 2 cm überlappen und eine geschlossene Fläche entsteht.
- Die Füllung in die Mitte der Kohlblätter geben, das Geschirrtuch anheben und die Blätter zusammen zu einer großen Roulade einrollen.
- Die Kohlroulade in eine Kasserolle geben und mit dem Weißwein sowie dem Wasser aufgießen. (Als alkoholfreie Alternative kann auch entsprechend mehr Wasser verwendet werden.) Die Kohlroulade mit den Mandelblättchen bestreuen. Das Öl, etwas Pfeffer sowie 3 – 4 Prisen Salz hinzufügen und etwas mit dem Wein verrühren.
- Die Kasserolle in den auf 200 °C vorgeheizten Backofen auf die mittlere Schiene stellen und die Kohlroulade etwa 20 Minuten schmoren.
- Die Roulade aus der Brühe nehmen, in nicht zu schmale Scheiben schneiden, auf vorgewärmten Tellern anrichten und mit der gehackten Petersilie bestreuen.

Kichererbseneintopf mit grünen Bohnen

für 4 Personen

300 g getrocknete Kichererbsen
Meersalz
frisch gemahlener Pfeffer
1 Zwiebel
6 EL natives Olivenöl
1 Karotte
½ mittelgroßer Hokkaidokürbis (etwa 500 g)
400 g Tomaten
200 g grüne Bohnen
½ TL Chilipulver
1 TL gemahlener Kreuzkümmel
1 TL getrockneter Oregano
1 Bund frische Salbeiblätter
1 Knoblauchzehe

- Die Kichererbsen über Nacht in reichlich Wasser einweichen, abgießen und mit frischem Wasser in einem Topf aufsetzen. Die Kichererbsen 40 – 60 Minuten garen. Sobald sie weich sind, abgießen und in einem Topf mit etwa ½ TL Salz und etwas Pfeffer gut vermischen.
- Die Zwiebel schälen, fein hacken und in einer großen Pfanne in 3 EL heißem Öl etwa 3 Minuten anschwitzen. Die Karotte und den Kürbis fein würfeln, Kürbiskerne dabei entfernen. Kürbis- und Karottenwürfel zur Zwiebel in die Pfanne geben und 5 Minuten anschwitzen.

- Die Tomaten würfeln, dabei die Stielansätze entfernen. Die Bohnen putzen und halbieren. Tomatenwürfel und grüne Bohnen in die Pfanne dazugeben. ½ TL Salz, die Gewürze sowie den Oregano in die Pfanne dazugeben und alles zusammen etwa 10 Minuten gar köcheln.
- Das Gemüse mit den Kichererbsen vermischen. Anschließend 3 fein gehackte Salbeiblätter sowie den geschälten und fein gehackten Knoblauch dazugeben. Gut vermischen. Mit Salz und Pfeffer abschmecken.
- Die restlichen Salbeiblätter abzupfen und in einer beschichteten Pfanne etwa 5 Minuten mit 3 EL Öl knusprig anbraten. Mit 1 Prise Salz und etwas Pfeffer würzen. Zum Anrichten den gebratenen Salbei gleichmäßig auf den Portionen verteilen.

Raffiniertes

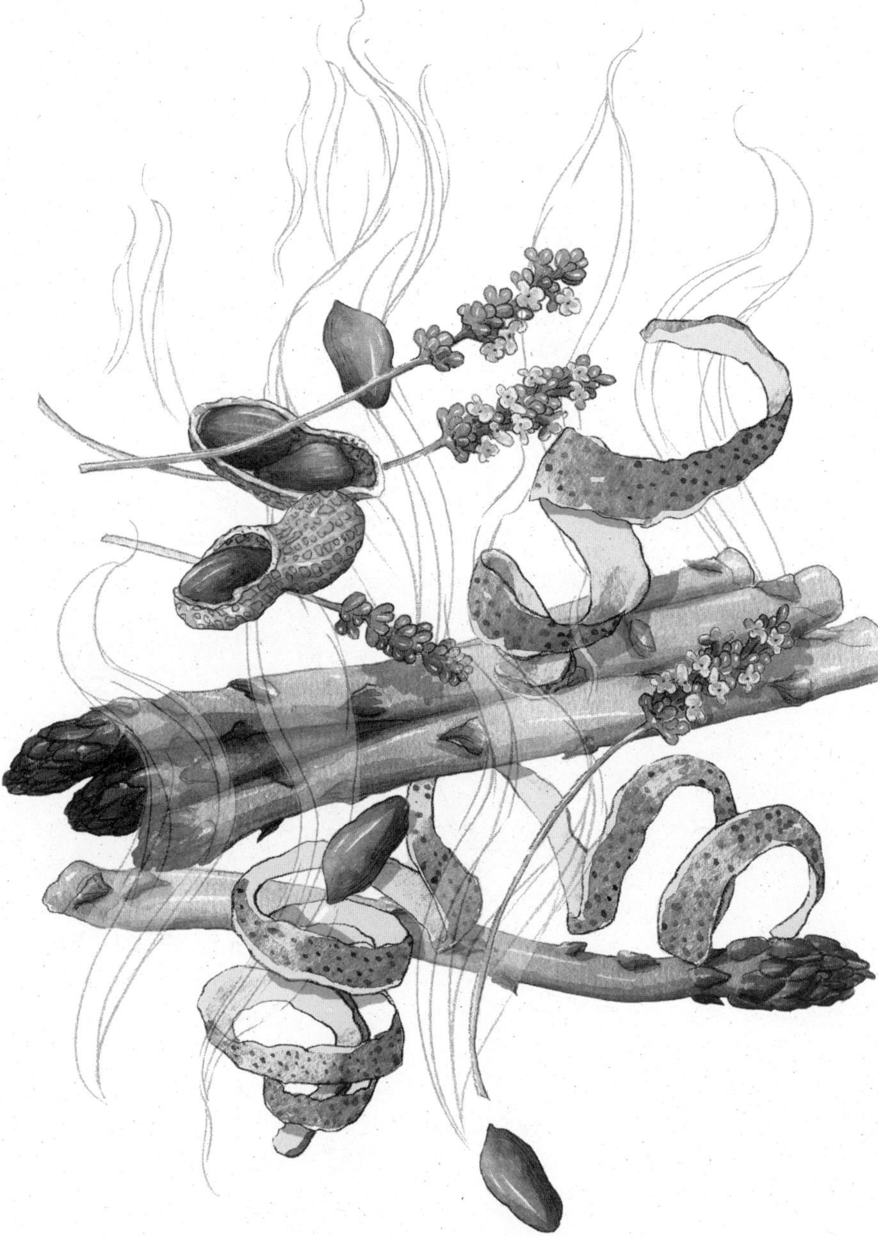

Spargelspieße mit Paprika und Blumenkohl

für 4 Personen

8 Holz-Schaschlikspieße
500 g grüner Spargel
1 kleiner Blumenkohl
Meersalz
2 rote Paprikaschoten
8 EL natives Olivenöl
Saft von ½ Zitrone
1 Knoblauchzehe
1 rote Peperoni
½ TL frischer oder ¼ TL getrockneter Rosmarin
frisch gemahlener Pfeffer

- Zunächst die Holz-Schaschlikspieße etwa 30 Minuten wässern.
- Am grünen Spargel die Enden abschneiden, nach Bedarf die holzigen unteren Abschnitte schälen und den Spargel in etwa 3 cm lange Stücke schneiden. Den Blumenkohl in kleine Röschen zerteilen.
- Blumenkohl und Spargel in einen Topf mit ausreichend Wasser sowie etwas Meersalz geben und 2 – 4 Minuten blanchieren. Das Gemüse über einem Sieb abgießen und mit kaltem Wasser abschrecken, so behält es seine Farbe.
- Die Paprikaschoten halbieren, Stielansätze und Kerne entfernen. Die Paprikahälften in 2 – 3 cm große Stücke schneiden.
- Das Gemüse nun abwechselnd auf die Holzspieße stecken (Reihenfolge Paprika, Blumenkohl, Grünspargel). In einer großen Pfanne etwa 2 EL Öl erhitzen und die Gemüsespieße etwa 10 Minuten von allen Seiten anbraten. Das Gemüse darf ruhig noch etwas Biss haben.
- In der Zwischenzeit für eine Marinade den Zitronensaft, das restliche Olivenöl, die geschälte Knoblauchzehe, die entkernte Peperoni und eventuell die restliche rote Paprika zusammen mit dem Rosmarin, etwas Salz und Pfeffer in ein hohes Gefäß geben. Alles mit dem Pürierstab fein mixen.
- Die Gemüsespieße auf einem Teller anrichten und die Marinade mit einem Esslöffel gleichmäßig darüberträufeln. Dazu passen z. B. die Rosmarinkartoffeln von Seite 124 sehr gut.

Gefüllte Riesenchampignons

für 4 Personen

350 g Spinat
1 Knoblauchzehe
7 EL natives Olivenöl
Meersalz
frisch gemahlener Pfeffer
50 g Pinienkerne
200 g Tomaten
50 g getrocknete Tomaten
etwas frisch geriebene Muskatnuss
4 Riesenchampignons oder 8 – 12 Champignons

- Den frischen Spinat putzen. Den Knoblauch schälen, fein hacken und in etwa 2 EL Olivenöl in einer großen Pfanne anschwitzen. Den Spinat dazugeben, mit Salz und Pfeffer würzen und unter Rühren zusammenfallen lassen.
- In einer trockenen Pfanne die Pinienkerne etwa 5 Minuten anrösten, sodass sie leicht Farbe bekommen und ihr herrliches Aroma entfalten können.
- Tomaten halbieren und klein würfeln, dabei die Stielansätze entfernen. Die getrockneten Tomaten in kleine Würfelchen oder Streifen schneiden. Die Tomaten und die Pinienkerne in die Pfanne zu dem Spinat dazugeben, mit Meersalz, Pfeffer und einem Hauch geriebener Muskatnuss würzen. Alles gut vermischen. Mit 2 EL Olivenöl verfeinern.
- Die Champignons mit Küchenkrepp vorsichtig abreiben, Stiele entfernen und die Pilze mit etwa 3 EL Öl einpinseln. Dann die Champignons mit der Gemüsemischung füllen und auf ein eingefettetes Backblech setzen.
- Die gefüllten Pilze 10 – 15 Minuten in dem auf 180 °C vorgeheizten Backofen auf der mittleren Schiene garen.

Paprika-Sellerie-Schiffchen

für 4 Personen

1 frische rote Chilischote
2 Knoblauchzehen
50 ml (3 – 4 EL) natives Olivenöl
¼ TL Meersalz
frisch gemahlener Pfeffer
4 rote Spitzpaprika
1 kleine Knolle Sellerie
16 eingelegte getrocknete Tomaten
16 schwarze Oliven
Öl für die Kasserolle
15 – 20 Basilikumblätter

- Für die Marinade die entkernte Chilischote und den geschälten Knoblauch ganz fein würfeln. Dann zusammen mit dem Öl, Salz und etwas Pfeffer mit dem Pürierstab fein mixen.
- Die Paprikaschoten der Länge nach halbieren, die Stielansätze und die Kerne entfernen.
- Für die Füllung den Sellerie schälen und in mittelgroße Würfel schneiden. Die getrockneten Tomaten vierteln und die Oliven halbieren, dabei die Steine entfernen. Alles zusammen in eine Schüssel geben und gut vermischen.
- Die Paprikahälften mit der Gemüsemischung füllen. (Besonders interessant sieht es aus, wenn Selleriewürfel, Tomaten und Oliven nicht vermischt, sondern abwechselnd eingeschichtet werden.) Die gefüllten Paprika gleichmäßig mit der Marinade beträufeln und in einer mit etwas Öl eingepinselten Kasserolle in den auf 200 °C vorgeheizten Backofen schieben.
- Die Paprikaschiffchen 20 – 30 Minuten auf der mittleren Schiene backen. Nach dem Backen mit den fein gehackten Basilikumblättern bestreuen.

Eintopf in Orange

für 4 Personen

1 Zwiebel
2 Knoblauchzehen
50 ml (3 – 4 EL) natives Olivenöl
200 g rote Linsen
1 EL Tomatenmark
frisch gemahlener Pfeffer
½ TL edelsüßes Paprikapulver
1 TL Meersalz
1 Lorbeerblatt
1 TL frischer Rosmarin
2 gelbe Paprikaschoten
400 g Karotten
4 Kartoffeln
etwa 1200 ml Wasser
300 g Tomaten
1 Bund Frühlingszwiebeln

- Die Zwiebel sowie 1 Knoblauchzehe schälen, ganz fein würfeln und in einem Topf in etwa 2 EL Olivenöl etwa 3 Minuten leicht anschwitzen.
- Die Linsen und das Tomatenmark dazugeben, mit der Zwiebel verrühren. Die Gewürze, das Salz, das Lorbeerblatt und den Rosmarin dazugeben. Anschließend 1 – 2 Minuten weiteranschwitzen.
- Inzwischen die Paprikaschoten halbieren, Stielansätze und Kerne entfernen. Die Karotten putzen und die Enden abschneiden. Die Kartoffeln schälen und zusammen mit dem anderen Gemüse in etwa 1 cm große Würfel schneiden, anschließend in den Topf zu den Linsen dazugeben.
- Mit dem Wasser ablöschen und den Eintopf 20 – 25 Minuten köcheln lassen.
- Die Tomaten in kleine Würfel schneiden, Stielansätze dabei entfernen, und die Tomaten 2 – 3 Minuten im Eintopf mitziehen lassen.
- Die Frühlingszwiebeln in feine Ringe schneiden. Die zweite Knoblauchzehe schälen und ganz fein hacken. Den Eintopf mit Salz und Pfeffer abschmecken. Das restliche Öl, den Knoblauch und die Frühlingszwiebeln dazugeben, umrühren und servieren.

Glasnudeln mit Chili-Erdnuss-Sauce

für 4 Personen

1 Zwiebel
3 EL natives Sonnenblumenöl
200 g geschälte ungesalzene Erdnüsse
4 schmale Auberginen
200 g Zuckererbsen
2 frische kleine Chilischoten
100 g Bohnensprossen
Meersalz
frisch gemahlener Pfeffer
½ TL Madras-Currypulver
½ TL edelsüßes Paprikapulver
4 EL Kokosmilch
5 EL Wasser
Saft von ½ Limette
500 g Glasnudeln
4 TL gehackte Korianderblätter oder glatte Petersilie

- Die Zwiebel schälen, fein würfeln und in einer großen Pfanne in dem erhitzten Öl zusammen mit den Erdnüssen etwa 2 Minuten anschwitzen.
- Die Auberginen in Scheiben schneiden, dabei die Stielansätze entfernen. Die Zuckerschoten putzen und in 2 – 3 cm große Stücke schneiden. Die Auberginenscheiben sowie die Zuckerschoten in die Pfanne geben und bei geschlossenem Deckel etwa 5 Minuten braten.
- Die Chilischoten klein schneiden, die Kerne vorher entfernen. Chili sowie Bohnensprossen in die Pfanne dazugeben und 2 – 3 Minuten mitziehen lassen. Das Gemüse würzen, die Kokosmilch, das Wasser und den Limettensaft dazugeben. Alles gut verrühren und die Pfanne von der Herdplatte nehmen.
- In der Zwischenzeit die Glasnudeln mit kochendem Wasser übergießen und etwa 2 Minuten einweichen. Die Nudeln abgießen, abtropfen lassen, in die Pfanne geben und gut mit der Sauce vermischen. Mit Salz und Pfeffer abschmecken.
- Die mit der Sauce vermischten Nudeln portionsweise auf vorgewärmten Tellern anrichten und jeweils mit 1 TL gehackten Koriander- oder Petersilienblättern bestreuen.

Gemüse-Pommes-frites mit gebratenem Spargel

für 4 Personen

für die Gemüse-Pommes-frites:
4 große Karotten
4 festkochende Kartoffeln
1 Petersilienwurzel
1 mittelgroße Knolle Sellerie
2 Kohlrabis
5 EL natives Olivenöl
Meersalz

für den gebratenen Spargel:
200 g grüner Spargel
4 EL natives Olivenöl
Meersalz
frisch gemahlener Pfeffer
2 TL Zitronensaft oder 50 ml trockener Weißwein

- Für die Gemüse-Pommes-frites die Karotten putzen und wenn nötig schaben. Die Kartoffeln, die Petersilienwurzel, die Sellerieknolle und die Kohlrabis schälen. Das Gemüse in Pommes-frites-Größe (etwa 5 cm lange, 1 cm dicke Stifte) schneiden.
- Ein Backblech mit 2 EL Öl bepinseln und das Gemüse darauf verteilen. Das restliche Öl darüberträufeln. Die Gemüsepommes im auf 200 °C vorgeheizten Backofen auf der mittleren Schiene 45 – 60 Minuten goldbraun backen. Nach etwa 30 Minuten das Gemüse wenden. (Natürlich kann auch eine Fritteuse verwendet werden.) Die »Gemüsepommes« mit etwa ½ TL Salz würzen.
- In der Zwischenzeit beim grünen Spargel die Enden und die holzigen Stellen abschneiden. Den Stangenspargel in dem heißen Öl in einer beschichteten Pfanne 3 – 4 Minuten von allen Seiten anbraten. Den Spargel mit 1 Prise Salz und etwas Pfeffer würzen.
- Die Pfanne von der Herdplatte nehmen und den Spargel mit dem Zitronensaft beträufeln oder mit dem Weißwein ablöschen. Den Spargel zu den Pommes frites servieren. Beim Anrichten den Fond mit einem Löffel über die Spargel geben.

Rohkostgemüse mit pikanter Olivensalsa

für 4 Personen

für die Salsa:
1 gelbe Paprikaschote
1 – 2 frische Chilischoten
4 Tomaten
1 Knoblauchzehe
100 g entsteinte grüne Oliven
100 g entsteinte schwarze Oliven
3 EL gehackte glatte Petersilie
1 EL Orangensaft
1 EL Zitronensaft
3 EL natives Olivenöl
½ TL Meersalz
frisch gemahlener Pfeffer

1 Kohlrabi
200 g Karotten
4 Stangen Staudensellerie
1 gelbe Paprikaschote
1 rote Paprikaschote

- Für die Salsa die Paprikaschote und die Chilischoten halbieren, Stielansätze sowie Kerne entfernen. Paprika und Chili sehr fein würfeln. Die Tomaten in sehr kleine Würfel schneiden, dabei die Stielansätze entfernen. Die Knoblauchzehe schälen und ganz fein hacken. Die Oliven ebenfalls sehr fein hacken. Alle vorbereiteten Zutaten mit der gehackten Petersilie, dem Orangen- und Zitronensaft sowie dem Öl gut vermischen. Mit Salz und Pfeffer pikant würzen.
- Für die Rohkostplatte das Gemüse putzen (je nach Saison und Geschmack die Auswahl variieren). Den Kohlrabi schälen. Karotten und Sellerie in feine Längsstreifen schneiden. Die Paprikaschoten halbieren, entkernen, Stielansätze entfernen und die Paprika ebenfalls in dünne Längsstreifen schneiden.
- Das Gemüse auf einer Servierplatte anrichten. Die Salsa zum Dippen in vier Portionsschälchen geben und mit dem Rohkostgemüse servieren.

Gefüllte Kürbisse

für 4 Personen

4 kleine Golden-Nugget-Kürbisse
6 EL natives Sonnenblumenöl
1 rote Zwiebel
1 Knoblauchzehe
1 kleine Karotte
1 Stange Staudensellerie
1 kleiner Zucchino
150 g Brokkoli
100 g gegarter Vollkornreis
frisch gemahlener Pfeffer
¼ TL Garam masala
1 TL Currypulver
Meersalz
¼ Bund Korianderblätter oder glatte Petersilie
60 g Champignons

- Bei den Kürbissen jeweils einen Deckel abschneiden und die Kerne mit einem Löffel herausschälen. Die Kürbisse in eine Auflaufform setzen, die Kürbisdeckel auflegen und etwa 200 ml Wasser in die Form gießen. Die Form mit einem Deckel oder mit Alufolie abdecken und die Kürbisse im auf 200 °C vorgeheizten Backofen etwa 30 Minuten garen.
- Das Wasser abgießen, die Kürbisse aus der Auflaufform herausnehmen, mit 1 EL Sonnenblumenöl auspinseln und wieder in die Form setzen.
- Für die Füllung die Zwiebel sowie den Knoblauch schälen, fein hacken und in 3 EL Öl in einer Pfanne anschwitzen.
- Die Karotte, den Sellerie sowie den Zucchino putzen und fein würfeln. Den Brokkoli in ganz kleine Röschen zerteilen. Das zerkleinerte Gemüse zusammen in eine Schüssel geben.

- Den gekochten Reis, die Gewürze, etwa ½ TL Salz und die fein gehackten Korianderblätter zu dem Gemüse geben und daruntermischen. Das restliche Öl sowie die in feine Scheiben geschnittenen Champignons dazugeben und vorsichtig daruntermischen.
- Die Kürbisse mit der Reis-Gemüse-Mischung füllen und die Deckel aufsetzen. Die Auflaufform wieder mit dem Deckel oder mit Alufolie abdecken, erneut bei 200 °C in den Backofen stellen und die Kürbisse etwa 20 Minuten zu Ende garen.

Grüner Spargel in Kokosmilchsauce und Pellkartoffeln

für 4 Personen

600 g vorwiegend festkochende Kartoffeln
1 Zwiebel
1 Knoblauchzehe
4 EL Sonnenblumenöl
½ mittelgroßer Hokkaidokürbis
100 ml Wasser
100 g grüne Bohnen
1 Stück (5 cm) frischer Ingwer
700 – 800 g grüner Spargel
1 mittelgroße Aubergine
2 TL eingelegte grüne Pfefferkörner
frisch gemahlener Pfeffer
1 Messerspitze Kurkumapulver
Meersalz
200 ml Kokosmilch
2 EL gehackte glatte Petersilie

- Die Kartoffeln mit der Schale in einem Topf mit ausreichend Wasser (die Kartoffeln sollten bedeckt sein) etwa 20 Minuten garen. Das Wasser abgießen, die Kartoffeln schälen und warm stellen. (Beispielsweise in einem frischen Topf mit geschlossenem Deckel auf die ausgeschaltete Hitzequelle stellen.)
- In der Zwischenzeit die Zwiebel und den Knoblauch fein hacken und in einer großen Pfanne in dem heißen Öl etwa 3 Minuten anschwitzen. Den Kürbis in etwa 2 cm große Würfel schneiden und in der Pfanne 5 – 10 Minuten mit anbraten. Mit dem Wasser ablöschen.
- Die grünen Bohnen putzen, halbieren, zum Kürbisgemüse geben und etwa 3 Minuten mitdünsten.
- Den Ingwer schälen, fein hacken. Beim Spargel die holzigen Enden und Schalenteile entfernen. Anschließend die Stangen in etwa 5 cm große Stücke schneiden. Die Aubergine in kleine Würfel schneiden, dabei den Stielansatz entfernen.

- Den Spargel, die Aubergine, den Ingwer, die Gewürze, etwa 1 glatt gestrichener TL Salz sowie die Kokosmilch zum Gemüse hinzufügen und alles zusammen noch 3 – 5 Minuten köcheln lassen. Der Spargel sollte noch bissfest sein.
- Das Gemüse mit Salz und Pfeffer abschmecken und auf vorgewärmten Tellern mit den Pellkartoffeln anrichten. Die gehackte Petersilie vor dem Servieren darüberstreuen.

Bohnen-Lauch-Gemüse mit Lavendelreis

für 2 Personen

für den Lavendelreis:
200 – 250 g Langkorn-Vollkornreis
3 EL natives Olivenöl
125 ml Weißwein (oder 125 ml Wasser mit dem Saft von ½ Zitrone)
2 Prisen Lavendelblüten
1 Messerspitze Currypulver
Meersalz

für das Gemüse:
1 kleine Zwiebel
1 Knoblauchzehe
3 EL natives Olivenöl
1 Stange Lauch
1 große Knolle Fenchel
200 g grüne Bohnen
100 ml Wasser
frisch gemahlener Pfeffer
1 Messerspitze gemahlener Anis
Meersalz
1 Prise getrockneter Thymian
1 Lorbeerblatt
5 Tomaten

- Den Reis in einem Topf mit dem Öl für 1 Minute anrösten, bis er zu duften beginnt. Mit etwa 375 ml Wasser und dem Weißwein ablöschen – insgesamt mit etwa der doppelten Menge Flüssigkeit. Die zwischen den Fingern zerriebenen Lavendelblüten und das Currypulver dazugeben. Den Reis etwa 45 Minuten garen (Packungsangabe beachten). Nach etwa 30 Minuten Kochzeit etwa ½ TL Salz dazugeben. Falls Sie Zitronensaft und Wasser statt Weißwein verwenden, Zitronensaft erst nach Ende der Garzeit dazugeben und mit dem Reis vermischen.
- Für das Gemüse die Zwiebel und den Knoblauch schälen, fein hacken und in einer großen Pfanne in dem heißen Öl für etwa 3 Minuten anschwitzen. Den Lauch putzen, in 2 cm breite Streifen schneiden und in die Pfanne geben.

- Den Fenchel halbieren, Stängel und Strunk entfernen. Danach den Fenchel in feine Scheiben schneiden und ebenfalls in die Pfanne geben. Die geputzten grünen Bohnen mit dem Gemüse in der Pfanne vermischen und etwa 3 Minuten mitdünsten. Das Gemüse mit dem Wasser ablöschen.
- Die Gewürze, etwa ½ TL Salz, den zwischen den Fingern zerriebenen Thymian und das Lorbeerblatt dazugeben. Das Gemüse 5 – 7 Minuten köcheln lassen.
- Die Tomaten in ganz kleine Würfel schneiden, dabei die Stielansätze entfernen. Die Tomatenwürfel mit dem Gemüse vermischen, noch einmal kurz darin erwärmen sowie mit Salz und Pfeffer abschmecken. Das Lorbeerblatt entfernen.
- Das Bohnen-Lauch-Gemüse auf vorgewärmten Tellern mit dem Reis servieren.

Tipp: *Ein bunter Salat mit allem, was Sie mögen (beispielsweise Blattsalat, Gurken, Tomaten, Karotten, Kräuter), schmeckt sehr gut dazu!*

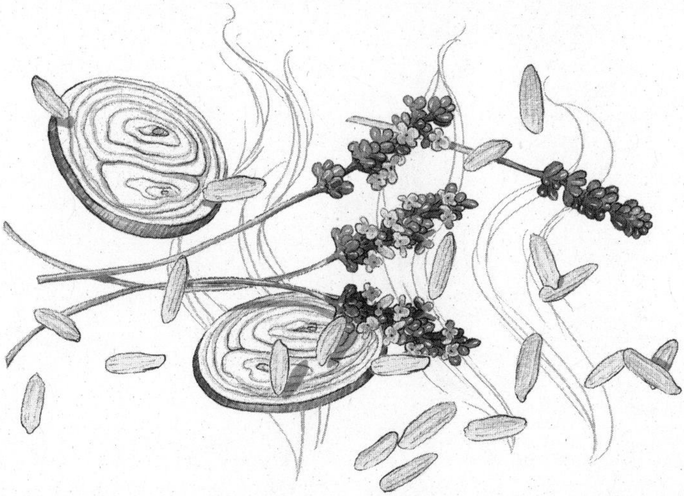

Kuchen und Gebäck

Karottenkuchen mit Rosinen

für etwa 12 Stücke

Öl für das Backblech
1 EL Reismehl
1 kg mehligkochende Kartoffeln
½ TL Meersalz
150 ml Sonnenblumenöl
200 g Rosinen
500 g Karotten
1 EL Vollrohrzucker
2 EL Sesamsamen

- Ein Backblech mit etwas Öl bestreichen. Das Reismehl auf dem Blech gut verteilen, auch an den Kanten.
- Die Kartoffeln schälen und in dünne Scheiben schneiden. Die Kartoffelscheiben in einem Topf mit Wasser und dem Salz garen. (So viel Wasser verwenden, dass die Kartoffeln gerade bedeckt sind.)
- Die Kartoffeln abgießen und dabei das Kochwasser auffangen.
- Etwa zwei Drittel des Öls zu den Kartoffeln geben und die Kartoffeln mit einem Kartoffelstampfer zerdrücken und anschließend zu Püree verrühren. Dabei nach und nach so viel Kartoffelkochwasser dazugeben, sodass ein gleichmäßiger, aber fester Teig entsteht.
- Den Kartoffelteig gleichmäßig auf dem Blech verteilen. Die Rosinen darüberstreuen und etwas in die Kartoffelmasse drücken.
- Die Karotten grob raspeln und auf dem Teig verteilen, mit dem Zucker und dem Sesam gleichmäßig bestreuen. Den Kuchen mit dem restlichen Öl beträufeln.
- Den Karottenkuchen im auf 200 °C vorgeheizten Backofen auf der mittleren Schiene etwa 30 Minuten backen. Nach dem Abkühlen in Stücke schneiden.

Apfeltarte

für 12 Stücke

300 g mehligkochende Kartoffeln
100 g Hirsemehl
1 Prise Meersalz
3 EL Sonnenblumenöl
50 ml Agavendicksaft
3 EL Rosinen
1 EL Sonnenblumenöl für die Form
4 – 5 Äpfel

- Die ungeschälten Kartoffeln in einem Topf mit Wasser bedecken und etwa 15 – 25 Minuten (je nach Größe) garen. Anschließend schälen und durch eine Kartoffelpresse drücken. Abkühlen lassen.
- Den Kartoffelschnee mit dem Hirsemehl, dem Salz, dem Öl, Dicksaft und 2 EL Rosinen zu einem Teig verkneten. Wenn nötig, noch etwas Wasser dazugeben, damit der Teig gut zusammenhält.
- Eine Springform (Durchmesser 26 cm) mit Öl einpinseln und den Kartoffelteig hineindrücken.
- Die Äpfel schälen, vierteln, die Kerngehäuse entfernen und die Äpfel in dünne Scheiben schneiden. Den Tarteboden mit den Apfelscheiben dachziegelartig im Kreis belegen und die restlichen Rosinen darüberstreuen.
- Die Apfeltarte im auf 200 °C vorgeheizten Backofen auf der mittleren Schiene etwa 20 Minuten backen, bis die Äpfel leicht gebräunt sind.
- Den Kuchen abkühlen lassen und aus der Form lösen – am besten mit einem großen Messer oder »Kuchenretter«.

Brownies

für 10 – 12 Stücke

für den Teig:
170 g Bitterschokolade
200 g Buchweizenmehl
½ TL Weinsteinbackpulver
170 g zimmerwarme Margarine
100 g Vollrohrzucker
1 TL Bourbon-Vanillepulver
150 ml Mandeldrink
1 – 2 EL Öl für die Form

für den Belag und die Glasur:
100 g Mandeln
Schale und Saft von 1 unbehandelten Orange
2 EL Roh-Rohrzucker
30 g Margarine

- Die Schokolade in Stücke brechen und in einer Schüssel im Wasserbad schmelzen.
- Das Mehl mit dem Backpulver vermischen.
- Die geschmolzene Schokolade in einer Schüssel mit der Margarine mithilfe eines Handrührgerätes gut verrühren. Dann den Zucker, das Vanillepulver, das Mehl sowie den Mandeldrink dazugeben und gut verquirlen.
- Den Teig in eine mit Öl eingepinselte Back- oder Auflaufform (20 × 30 cm) geben und glatt streichen.
- Die Mandeln mit kochend heißem Wasser überbrühen, etwa 5 Minuten einweichen und die Haut abziehen. Anschließend die Mandeln gleichmäßig auf dem Teig verteilen und ein wenig andrücken.
- Für die Glasur zuerst die Orangenschale abreiben und dann die Orange auspressen. In einem Topf den Zucker in dem Orangensaft auflösen und zusammen mit der Margarine für etwa 30 Sekunden aufkochen.
- Die Glasur etwas abkühlen lassen, danach gleichmäßig mit einem Löffel oder Pinsel auf dem Teig verteilen. Die Brownies etwa 20 Minuten auf der mittleren Schiene bei 200 °C im vorgeheizten Backofen backen. In der Form auskühlen lassen und die Brownies in Stücke schneiden.

Mandel-Kirsch-Torte

für 12 Stücke

für die Mandelcreme:
230 g Mandeln
3 EL Agavendicksaft
2 Messerspitzen Bourbon-Vanillepulver
100 ml Mandeldrink
1 glatt gestrichener TL Agar-Agar-Pulver

für den Boden:
120 g Hirseflocken
2 TL Goldleinsamen
4 EL Agavendicksaft
2 TL Mandeldrink

für den Belag:
220 g entsteinte Sauerkirschen (auch tiefgekühlt)
½ TL Pfeilwurzstärke
1 – 2 EL Agavendicksaft
2 EL Mandelblättchen

- Für die Creme die Mandeln mit kochend heißem Wasser überbrühen, etwa 5 Minuten stehen lassen und dann die Haut abziehen. Die Mandeln in einer beschichteten Pfanne etwa 5 Minuten leicht anrösten.
- Die gerösteten Mandeln in 120 ml Wasser in einem Topf etwa 10 Minuten köcheln lassen. Die Mandeln abgießen. (Der Sud kann als Mandeldrink verwendet werden.)
- Die Mandeln, den Agavendicksaft, das Vanillepulver und 200 ml Wasser mit dem Mixstab zu einem Mus pürieren.
- Den Mandeldrink mit dem Agar-Agar-Pulver in einem kleinen Topf gut vermischen und etwa 2 Minuten unter Rühren köcheln lassen. Die angedickte Flüssigkeit und das Mandelmus vermischen und mit dem Pürierstab erneut gut mixen.

- Für den Boden alle Zutaten in ein hohes Gefäß geben und mit dem Mixstab pürieren. Den Boden einer kleinen Springform (Durchmesser 16 – 18 cm) mit Backpapier belegen. Danach die Teigmasse mit einer Gabel in der Springform verteilen. Die Mandelcreme gleichmäßig darauf verteilen und kalt stellen.
- Die Kirschen mit 4 EL Wasser, der Pfeilwurzstärke und dem Dicksaft in einem Topf bei geschlossenem Deckel kurz aufkochen. Dann abkühlen lassen und dabei regelmäßig umrühren. Sobald die Masse ausgekühlt ist, gleichmäßig auf der Torte verteilen.
- In der Zwischenzeit in einer beschichteten Pfanne die Mandelblättchen leicht anrösten und entweder über die ganze Torte streuen oder nur den Rand damit verzieren.
- Die Torte noch einmal 3 – 4 Stunden kalt stellen.

Schokoladen-Orangen-Tarte

für 12 – 16 Stücke

für die Creme:
¼ l aufschlagbare Soja- oder Reissahne
120 g Bitterschokolade
2 Messerspitzen Bourbon-Vanillepulver
2 EL Rum nach Belieben

für den Teig:
250 g Hirsemehl
2 TL vollfettes Sojamehl
½ TL Weinsteinbackpulver
20 g Kakaopulver
1 Prise Meersalz
100 g Agavendicksaft
120 ml Sonnenblumenöl
1 EL Öl für die Form

2 unbehandelte Orangen

- Für die Füllung sollte die Sahnecreme mindestens 6 Stunden gekühlt werden. Deshalb kann sie schon am Vortag zubereitet werden. Hierfür die Sahne mit dem Handrührgerät etwa 5 Minuten steif schlagen und etwa 30 Minuten kühl stellen.
- Die Hälfte der Schokolade fein hacken, die restliche Schokolade vorsichtig im Wasserbad schmelzen lassen. Die geschmolzene Schokolade vorsichtig nach und nach unter die geschlagene Sahne heben. Die fein gehackte Schokolade, das Vanillepulver und nach Belieben den Rum vorsichtig darunterrühren. Die Sahnecreme mindestens 6 Stunden kalt stellen.
- Für den Teig alle trockenen Zutaten in einer Schüssel vermischen. Den Dicksaft sowie das Öl dazugeben und alles zu einem festen Teig kneten.

- Eine Springform (Durchmesser 26 cm) mit Öl einpinseln. Den Teig in die Form drücken und dabei einen etwa 3 cm hohen Rand formen.
- Die Form mit Teig etwa 30 Minuten kalt stellen. Anschließend mit einer Gabel den Teig mehrfach einstechen und den Tarteboden im auf 180 °C vorgeheizten Backofen auf der mittleren Schiene 15 – 20 Minuten knusprig braun backen. Nach dem Backen etwas abkühlen lassen und den Boden aus der Form herauslösen.
- Die Schokoladencreme auf den abgekühlten Tortenboden geben und glatt streichen. Die Schalen der Orangen mit einem Zestenreißer in feinen Streifen abziehen und die Orangenschalen auf der Torte verteilen.

Erdbeertorte

für 12 Stück

250 g Hirsemehl
2 TL Weinsteinbackpulver
¼ TL Bourbon-Vanillepulver
1 Prise Meersalz
50 g Agavendicksaft
50 ml Sonnenblumenöl
100 ml Sojadrink
220 ml Mineralwasser mit Kohlensäure

1 EL Sonnenblumenöl für die Springform
etwa 500 g Erdbeeren

für den Guss:
⅓ TL Agar-Agar-Pulver
3 TL Pfeilwurzstärke
180 ml Wasser

- Zuerst alle trockenen Zutaten mischen und dann mit den flüssigen Zutaten nach und nach zu einem Teig verrühren. (Kleinere Klümpchen lösen sich beim Backen durch das Mineralwasser auf.) Den Teig in eine mit Öl ausgepinselte Springform (Durchmesser 26 cm) geben.
- Den Tortenboden im auf 170 °C vorgeheizten Backofen auf der mittleren Schiene 15 – 20 Minuten goldbraun backen. Etwas abkühlen lassen und aus der Backform lösen.
- Die Stiele mit den Blättchen von den Erdbeeren abzupfen. Den abgekühlten Tortenboden mit ganzen oder halbierten Erdbeeren belegen: Ganze Früchte »kopfüber« daraufsetzen, halbierte Erdbeeren dachziegelartig verteilen.
- Für den Guss das Agar-Agar-Pulver und die Pfeilwurzstärke in dem Wasser in einem kleinen Topf verrühren und etwa 2 Minuten köcheln. Dann etwa 10 Minuten abkühlen lassen und den Guss gleichmäßig über der Torte verteilen.
- Die Torte etwa 30 Minuten kühl stellen. Der Guss wird so schneller fest.

Vanillewaffeln

für 4 – 5 Waffeln oder 20 – 25 »Herzen«

2 EL vollfettes Sojamehl
100 g Hirseflocken
100 g Buchweizenmehl
1 Päckchen Weinsteinbackpulver
80 g Roh-Rohrzucker
40 g Bourbon-Vanillezucker
5 EL Sonnenblumenöl
Öl für das Waffeleisen

- Das Sojamehl mit 4 EL Wasser verrühren. Hirseflocken, Mehl und Backpulver in einer Rührschüssel vermischen. Das angerührte Sojamehl, den Zucker und den Vanillezucker daruntermischen. Das Öl sowie 300 ml Wasser nach und nach dazugeben. Alles zu einem glatten Teig verrühren.
- Den Teig portionsweise in einem mit Öl bepinselten Waffeleisen jeweils etwa 5 Minuten zu goldbraunen Waffeln ausbacken. Die Backzeit variiert etwas nach Art und Alter des Waffeleisens.

Tipp: *Sie können die Waffeln im Ganzen oder in kleine Herzen geteilt servieren. Wenn Sie die fertigen Waffeln noch verfeinern möchten, gibt es viele Varianten. Ihrer Fantasie sind keine Grenzen gesetzt. Sie können beispielsweise:*

- *2 EL Roh-Rohrpuderzucker oder eine Mischung aus 2 EL Vollrohrzucker und 1 Messerspitze Zimtpulver darüberstreuen.*
- *Frisches Beerenobst wie Erd- oder Himbeeren darauf verteilen.*
- *Vegane Schokocreme oder Fruchtmarmelade dazu reichen.*
- *Rosinen darüberstreuen oder etwas klein gehackte Schokolade darübergeben.*

Feine Zitronenwaffeln

für 5 – 6 Waffeln oder 25 – 30 »Herzen«

2 EL vollfettes Sojamehl
200 g Kartoffelstärke
100 g Buchweizenmehl
1 Päckchen Weinsteinbackpulver
150 g Roh-Rohrzucker
20 g Bourbon-Vanillezucker
1 unbehandelte Zitrone
5 EL Sonnenblumenöl
Öl für das Waffeleisen

- Das Sojamehl mit 4 EL Wasser verrühren.
- Die Stärke mit dem Buchweizenmehl und dem Backpulver in einer Rührschüssel mischen. Zucker und Vanillezucker dazugeben.
- Die Schale der Zitrone mit einem Zestenreißer abschälen oder abreiben und die Zitrone auspressen. Zitronenschale und -saft, 300 ml Wasser sowie das Öl nach und nach unter den Teig mischen. Alles glatt verrühren.
- Aus dem Teig in einem jeweils neu mit Öl bepinselten Waffeleisen 5 – 6 goldbraune Waffeln ausbacken. Die Backzeit variiert je nach Art und Alter des Waffeleisens. Meist dauert es etwa 5 Minuten.
- Die Waffeln im Ganzen servieren oder in kleine »Herzen« teilen.

Mediterrane Apfeltarte

für etwa 4 Stücke

1 große mehligkochende Kartoffel
120 g Buchweizenvollkornmehl
1 TL Weinsteinbackpulver
2 EL Agavendicksaft
2 Prisen getrocknete Lavendelblüten
2 Zweige Rosmarin
etwa 90 ml natives Olivenöl
Buchweizenmehl für die Arbeitsfläche
3 – 4 Äpfel

- Die Kartoffel schälen und fein raspeln. Das Mehl und das Backpulver mischen. Die Kartoffelraspel, den Agavendicksaft, die Lavendelblüten und die Nadeln eines Rosmarinzweiges sowie 60 ml Olivenöl zum Mehl dazugeben. Alles zu einem glatten Teig verkneten. Eventuell noch etwas Wasser dazugeben und den Teig etwa 30 Minuten kalt stellen.
- Den Teig auf einer bemehlten Fläche ausrollen und in eine mit Backpapier ausgelegte Springform geben.
- Die Äpfel entkernen und in feine Scheiben schneiden.
- Den Teigboden mit den Apfelscheiben dachziegelartig in Kreisen belegen. Die Nadeln des zweiten Rosmarinzweigs darüber verteilen und die Äpfel mit 2 EL Olivenöl beträufeln.
- Die Tarte bei 200 °C im vorgeheizten Ofen auf der mittleren Schiene etwa 15 Minuten goldbraun backen.

Zitronenmuffins mit Vanillesauce

für 12 Muffins

für die Muffins:
300 g mehligkochende Kartoffeln
1 unbehandelte Zitrone
100 g Reismehl
½ TL Weinsteinbackpulver
2 EL vollfettes Sojamehl
100 g Roh-Rohrzucker
½ TL Bourbon-Vanillepulver
160 ml Reisdrink
4 EL Sonnenblumenöl

für die Glasur:
1 EL Margarine
2 EL Roh-Rohrzucker

für die Vanillesauce:
200 ml Sojasahne
2 TL Roh-Rohrzucker
1 Bourbon-Vanilleschote

12 – 24 Blätter Zitronenminze oder Zitronenmelisse zum Verzieren

- Die Kartoffeln mit der Schale in einem Topf mit ausreichend Wasser (die Kartoffeln sollten bedeckt sein) 15 – 20 Minuten garen. Das Wasser abgießen, die Kartoffeln etwas abkühlen lassen und schälen. Anschließend durch die Kartoffelpresse drücken.
- Die Schale der Zitrone fein abreiben und die Zitrone auspressen.

- Das Reismehl mit dem Backpulver vermischen. Das Sojamehl mit etwas Wasser anrühren und zusammen mit dem Kartoffelschnee, dem Zucker, dem Vanillepulver, der Zitronenschale sowie dem Zitronensaft, dem Reisdrink und dem Öl zum Mehl geben. Danach mit einem Handrührgerät zu einem glatten Teig vermischen.
- Ein Muffinblech für 12 Muffins mit Papierförmchen auslegen und den Teig einfüllen. Die Muffins zunächst etwa 10 Minuten auf der mittleren Schiene im vorgeheizten Backofen bei 200 °C backen.
- Für die Glasur in einem kleinen Töpfchen die Margarine schmelzen und mit dem Zucker vermischen. Die Muffins mit der Glasur bestreichen und noch 15 – 20 Minuten weiterbacken.
- Für die Vanillesauce die Sojasahne in einem Topf mit dem Zucker erhitzen und kurz aufkochen lassen. Die Vanilleschote längs aufschneiden, das Mark herauskratzen und das Mark zusammen mit der Schote dazugeben. Die Sauce bei niedriger Temperatur etwa 2 Minuten weiterköcheln lassen.
- Die Vanilleschote herausnehmen und die Sauce als Spiegel auf vorgewärmten Tellern verteilen. Die Muffins aus den Papierförmchen nehmen und in die Mitte setzen. Je nach Jahreszeit 1 – 2 Zitronenminzeblätter oder Zitronenmelisseblätter auf die Muffins legen.

***Tipp:** Natürlich können die Muffins auch abgekühlt und ohne Sauce als Gebäck gegessen werden.*

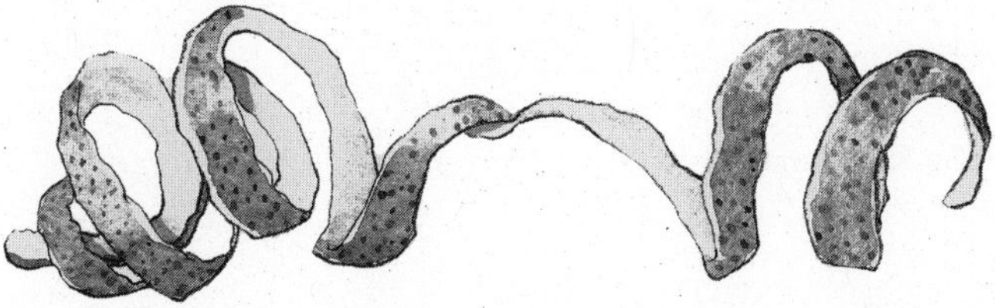

Schoko-Maisflakes-Gipfel

für 20 – 25 Stücke

100 g Edelbitterschokolade
30 g Roh-Rohrzucker
20 g Bourbon-Vanillezucker
50 g Maisflakes (ohne Zucker oder Salz)

- Die Schokolade in Stücke brechen und zusammen mit dem Zucker und dem Vanillezucker in einer hitzebeständigen Schüssel im Wasserbad schmelzen lassen.
- Die Maisflakes in die Schokoladenmasse einrühren. Mit zwei Teelöffeln 20 – 25 kleine »Schoko-Gipfel« formen und auf ein mit Butterbrotpapier belegtes Backblech setzen. Anschließend die Köstlichkeiten an einem kühlen Platz trocknen lassen.
- Sobald die Schokolade fest ist, können die Stückchen schon zu Tee, Kaffee oder als kleiner Nachtisch serviert werden.

Tipp: *Die Schoko-Gipfel können in einer Dose etwa 2 – 3 Wochen aufbewahrt werden – sofern sie nicht schon vorher verzehrt sein sollten. Und nach Thomas Manns Roman »Lotte in Weimar« handelt es sich bei einem Vorrat, den man zu Ende gehen sieht, um keinen wirklichen Vorrat mehr …*

Schoko-Hirse-Hütchen

für 20 – 25 Stück

100 g Edelbitterschokolade
30 g Roh-Rohrzucker
20 g Bourbon-Vanillezucker
50 g Hirseflocken
30 g Kokosraspel

- Die Schoko-Hirse-Hütchen wie die Schoko-Maisflakes-Gipfel zubereiten (siehe oben).

Der Autor

Lebensqualität, Kreativität und Gesundheit gehören für Alexander Neukert fest zusammen. Im Stoa-Institut in Bad Herrenalb gibt der Autor seit über 20 Jahren sein umfangreiches Wissen über vegane Ernährung, energetische Heilung, Persönlichkeitsentwicklung und Homöopathie weiter. Alltagstaugliche Rezepte für Genießer hat er zusammen mit seiner Frau Ingrid bereits in seinem Buch »Einfach mal vegan« vorgestellt.

Als Pianist hat Alexander Neukert außerdem drei Meditations-CDs mit eigenen Stücken zum Träumen und Heilen veröffentlicht.

Rezeptindex

Glutenfrei essen

Simone Stefka:
Glutenfrei backen
ISBN: 978-3-89566-226-3

Anja Völkel:
Zauberhafte Weihnachtsbäckerei – glutenfrei
ISBN: 978-3-89566-338-3

Dr. Bettina Pabel:
Natürlich glutenfrei
ISBN: 978-3-89566-204-1

Anja Völkel:
Quinoa – Korn der Anden
ISBN: 978-3-89566-350-5

Vegan genießen

Irmela Erckenbrecht:
Vegane Menüs
ISBN: 978-3-89566-328-4

Ingrid und Alexander Neukert:
Einfach mal vegan
ISBN: 978-3-89566-305-5

Heike Kügler-Anger:
Vegane Brotaufstriche
ISBN: 978-3-89566-314-7

Angelika Eckstein:
Vegan backen
ISBN: 978-3-89566-239-3

Vegane Köstlichkeiten aus nah und fern

Heike Kügler-Anger:
Vegane Köstlichkeiten aus dem Mixer
ISBN: 978-3-89566-317-8

Heike Kügler-Anger:
Veganes Suppenglück
ISBN: 978-3-89566-345-1

Heike Kügler-Anger:
Cucina vegana
ISBN: 978-3-89566-247-8

Abla Maalouf-Tamer:
Vegane Köstlichkeiten – libanesisch
ISBN: 978-3-89566-284-3

Weitere Bücher aus dem pala-verlag

Böckel, Schröder, Wagner:
Fit mit Kokos
ISBN: 978-3-89566-356-7

Böckel, Schröder, Wagner:
Flowfood
ISBN: 978-3-89566-386-4

Jutta Grimm:
Magisch fix
ISBN: 978-3-89566-373-4

Anja Völkel:
Buchweizen – das Powerkorn
ISBN: 978-3-89566-361-1

Gesamtverzeichnis bei:
pala-verlag, Rheinstraße 35, 64283 Darmstadt, www.pala-verlag.de

ISBN: 978-3-89566-362-8

Rheinstraße 35, 64283 Darmstadt
www.pala-verlag.de
2. Auflage 2019

Umschlag- und Innenillustrationen: Karin Bauer
www.karin-bauer.com

Lektorat: Barbara Reis

Druck und Bindung: Druckhaus Nomos, Sinzheim
www.nomos-druck.de
Printed in Germany

Gedruckt auf
100% Recyclingpapier